怀孕40周胎教全书

首都医科大学附属
北京妇产医院主任医师、教授
中华医学会、北京医学会专家库成员
王　琪◎主编

中国人口出版社
China Population Publishing House
全国百佳出版单位

图书在版编目（CIP）数据

怀孕 40 周胎教全书 / 王琪主编 . -- 北京 : 中国人口出版社 , 2021.3

ISBN 978-7-5101-7387-5

Ⅰ . ①怀… Ⅱ . ①王… Ⅲ . ①胎教—基本知识 Ⅳ . ① G610.8

中国版本图书馆 CIP 数据核字 (2020) 第 206547 号

怀孕 40 周胎教全书

HUAIYUN 40 ZHOU TAIJIAO QUAN SHU

王　琪　主编

责任编辑　李玉景
责任印制　林　鑫　单爱军
装帧设计　北京品艺文化传播有限公司
出版发行　中国人口出版社
印　　刷　小森印刷（北京）有限公司
开　　本　889 毫米 ×1194 毫米　1/16
印　　张　16
字　　数　300 千字
版　　次　2021 年 3 月第 1 版
印　　次　2021 年 3 月第 1 次印刷
书　　号　ISBN 978-7-5101-7387-5
定　　价　49.80 元

网　　址　www. rkcbs. com. cn
电子信箱　rkcbs@126. com
总编室电话　（010）83519392
发行部电话　（010）83510481
传　　真　（010）83538190
地　　址　北京市西城区广安门南街 80 号中加大厦
邮政编码　100054

前　言

你知道吗，胎宝宝在妈妈肚子里也是有感知的！胎宝宝的听觉、视觉、嗅觉、触觉、味觉在孕期四五个月时就相继发育并发挥作用；怀孕第 3 个月时，胎宝宝的大脑发育达到第一个高峰期；胎宝宝具有母子心电感应能力和记忆力……因此，适当地进行胎教能够促进胎宝宝的身体、感官和大脑发育。

不少人认为胎教的目的是培养天才，这种看法其实是对胎教的误解。胎教既不能改变遗传基因，也无法预知宝宝出生后的教育和环境，所以不能确保他未来能否成为“天才”。但胎教是促进准妈妈身心健康，预防胎宝宝发育不良，以及培养胎宝宝气质、品格的调养方法，具有重要意义。

本书遵循科学的胎教理念，将营养胎教、情绪胎教、语言胎教、音乐胎教、运动胎教的内容以轻松的语言、赏心悦目的形式呈现给幸福的准妈妈们，让她们在美好的胎教体验中，对胎宝宝进行潜移默化的教化、感召。胎宝宝在这样的环境中成长，将来一定会是一个健康、快乐的孩子！

目 录

专题 了解胎教，做好胎教准备 / 1

孕 1 月 生命的开始 / 15

孕2月
胎教要注重
情绪和营养
/ 23

孕3月 大脑发育期，准妈妈要多动脑 / 47

孕4月 对话与阅读，有益于胎儿大脑发育 / 73

孕5月
感受母子情深
/ 97

孕6月
鼓励和称赞，
让胎儿更聪明
/ 119

孕7月 多元内容，让胎教更精彩 / 145

孕 9 月
临近分娩，
胎教不懈怠
/ 195

孕 10 月
开始学习一些
早教知识
/ 219

专题 了解胎教，做好胎教准备

什么是胎教

所谓胎教，就是给胎儿创造良好的孕育环境，通过准妈妈与胎儿正常的信息交换，使胎儿获得良好的宫内教育，促使胎儿的身心健康成长。胎教的内容包括准妈妈的孕期保健、外界环境对准妈妈的影响和准妈妈情绪波动对胎儿的影响，其中准妈妈保持良好的精神状态尤为重要。

胎儿在子宫内可以学习、倾听、感觉和记忆。胎儿在16周时已经有触觉和味觉；到18周时胎儿会有视觉和听觉；到30周时胎儿会有记忆。胎教的真谛在于激发胎儿自身的潜力，胎教可以改变、强化胎儿素质。受过胎教的婴幼儿学走路、学说话都比较早，反应灵敏，记忆力强，而且在智能、个性、情感、能力等方面的发育都有突出的表现。

据研究，人的智力获得，50%在4岁以前，30%在4～8岁，20%在8岁以后完成，而4岁以前的那50%就包括胎教在内。婴儿在出生前形成的大脑旧皮质是出生后形成的大脑新皮质的基础，只有在大脑旧皮质良好的基础上才能使大脑新皮质得到更好的发育，以达到正常的智商水平，发挥其应有的才能。脑细胞的特点是其增殖时“一次性完成”，一旦错过这个实施胎教的大好时机就永远无法弥补了。美国费城一家生理研究所对200多名接受过胎教的4～7岁儿童进行了调查，结果发现接受过胎教的儿童比没有接受过胎教的对照组智商要高20%～45%。胎儿有了发育良好的大脑，还要保护它不受到损伤，如外伤、产伤、中枢神经系统感染（宫内感染或产后感染）、高热等。

中国人历来重胎教

我国是对胎教认识和实践较早的国家，有关胎教的理论已经流传了两千多年。

◎ 中国古代胎教理论

西汉时期的司马迁记载了关于胎教的事例："太妃之性，端一诚庄，惟德能行。及其有娠，目不视恶色，耳不听淫声，口不出傲言。生文王而明圣，太任教之，以一识百。卒为周宗，君子谓，太妃为能胎教。"

唐代名医孙思邈在《千金要方·养胎》中提出，要想生出聪明健康的宝宝，就要"调心神，和惰性，节嗜欲"，也就是说，准妈妈要调理好自己的心情，改掉懒惰的习惯，节制各种欲望。

明代名医张景岳在《景岳全书》中谈到出现胎气不安现象的原因，"盖胎气不安，必有所因，有虚有实，或寒或热，皆能为胎之病"。也就是说，胎宝宝在母体内出现不安、躁动等现象，一般情况下与准妈妈的饮食起居不当密切相关。因为准妈妈营养不均衡，身体过虚或过实，都可能影响到胎宝宝。所以张景岳强调，准妈妈一定要十分小心自己的饮食起居，要将饮食营养当作一种胎教贯穿整个孕期。

◎ 中国古代胎教内容

中国古代胎教的主要内容包括调情志、忌房事、节饮食、适劳逸等几个方面，强调在妊娠期间，要在精神、饮食、起居等方面采取有效措施，为胎宝宝创造一个良好的生长发育环境，以确保胎宝宝在母体内健康地成长。

一调。调是指调情志。古人认为：凡有孕之妇，宜情志舒畅，遇事乐观，喜、狂、悲、思皆可使气血失和而影响胎宝宝。这就是说，孕妇在怀孕期间要保持舒畅的心情，及时消除烦恼，而不要大动肝火，因为这样会导致气不顺，气不顺则孕胎不安，若长久气不顺，孕胎必受影响。《傅青主女科》中也有"大怒小产"的论述。

二忌。忌是指忌房事。《产孕集》对此论述道："怀孕之后，首忌交合。"孕妇在孕期的前3个月和孕7个月以后应忌房事，不仅能安胎养孕，还能防止流产、难产等。

三节。节是指节饮食。孕妇只有节饮食、多吃清淡平和的食物才有助于养胎。若饮食失节，饥饱无度，嗜食重味，则易导致消化功能失常，影响胎宝宝发育。

四适。适是指适劳逸。怀孕之后要有适宜的运动，使血液循环畅通。若好逸恶劳，好静恶动，贪卧养娇，使气血不畅，易致难产。正确的做法为5个月以前稍逸，5个月以后小劳。

五慎。慎是指慎寒温。女性怀孕以后，由于生理上发生了特殊变化，极易受风、寒、暑、温、燥、火的侵袭，尤其是遭受风寒侵袭之后极易感染疾病，重则危及胎宝宝的生命。

六戒。戒是指戒生冷。孕妇若贪恋生冷，便会导致脾胃受伤，出现呕吐、腹泻、痢疾等病症，既伤孕妇之身，又伤胎宝宝，不可不慎。

胎教是对胎儿的良性刺激，并非早教

古人认为胎儿在母体中能够受准妈妈言行的感化，所以，准妈妈必须谨守礼仪，给胎儿以良好的影响。

胎教，一方面是胎，另一方面是教，它是胎与教相结合的学问。“胎”是受教育的实体，“教”是指胎儿在母体内能受到各方面的感化并接受教育、教养之意。准妈妈在各方面有意识、主动地采取一些相应措施，对胎儿进行良好影响的方法就是胎教。

胎教有广义和狭义之分。广义的胎教，是指为了促进胎儿生理和心理健康发育成长，同时确保孕妇能够顺利度过孕期所采取的精神、饮食、环境、劳逸等各方面的保健措施。因为如果没有健康的母亲，就不能生育出健壮的宝宝。狭义的胎教，是指妊娠期间，在加强准妈妈的精神、品德修养和教育的同时，重点通过母体，利用一定的方法和手段，刺激胎儿的感觉器官，以激发胎儿大脑和神经系统的有益活动，从而促进其身心健康发育。

通常所说的胎教，一般是指狭义的胎教。然而，广义和狭义的胎教是统一的，两者不可偏废，准妈妈保健和对胎儿感官进行有益的刺激是胎教的两个重要内容。

目前，人们对胎教的认识还存在许多误区。有些人甚至根本不相信胎教，认为胎儿根本就不可能接受教育。这是不了解胎儿的发育情况和能力而造成的误解。实际上，5个月的胎儿就已经有能力接受教育了。这里所说的教育，不同于出生后的教育，主要是指对胎儿六感功能的训练。六感就是皮肤的感觉、鼻子的嗅觉、耳的听觉、眼的视觉、舌的味觉和躯体的运动觉。胎教的目的，不是教胎儿唱歌、识字、算算术，而是通过各种适当的、合理的信息刺激，促进胎儿各种感觉功能的发育成熟，为出生后的早期教育（即感觉学习）打下一个良好的基础。

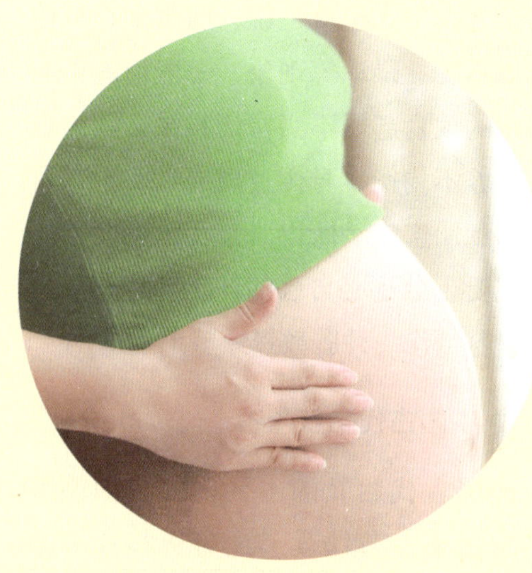

胎教对胎儿的益处

胎教是一种比较特殊的教育，胎儿在子宫内的学习与出生后宝宝的学前及学后教育都不一样。胎教不同于一般的学习概念，也不带有学习的功利性。胎教并不是要向胎儿灌输生活知识和科学知识，而是为了促进胎儿的身心发育，提高胎儿的个体功能，对胎儿的心灵起到塑造、健全、完善和完美的作用。那么，胎教究竟有什么样的现实意义呢?

◎ 促进胎儿大脑健康发育

由于胎教的内容集情感、艺术、形象和声音于一体，因而可促进胎儿右脑的发育，使宝宝出生后知觉和空间感灵敏，更容易培养其音乐、绘画等方面的鉴赏能力，并使宝宝情感丰富，形象思维活跃，直觉判断准确。同时，胎教给胎儿大脑以新颖、鲜明的信息刺激，具有怡情养性的作用，因而有利于胎儿大脑的健康发育。此外，胎教还有利于胎儿大脑潜能的全面开发。由于胎教重视情感化和形象化，胎儿的语言学习和数字等知识学习会很容易，这也就调动了左脑的功能，令左右脑功能得到互补，使胎儿出生后大脑的潜能得以更好地发挥和利用。

◎ 有利于胎儿的心理健康

胎教对胎儿的心理影响是积极的、能动的，不仅有利于胎儿感知能力的培养，而且有利于胎儿情感接受能力的培养，使胎儿未出世就容易在感知、情感等方面和父母相互沟通与交流。触摸胎儿时，胎儿能做出相应的动作；为胎儿播放音乐或唱歌时，胎儿能变得很安宁。这都是感知能力和情感接受能力的体现。感知和情感，这两种能力是基本的心理功能，有了这两种能力，宝宝在出生后的成长过程中就能更好地接受审美教育，具有想象、直觉、顿悟和灵感能力，并具有情感体验、调节和传达能力，使宝宝心智得到健全发展。

◎ 有利于完善胎儿的人格

胎教有助于胎儿以及胎儿出生后精神素质的塑造，即有助于人格的完善。人格的形成与人的早期经验有很大关系，如果能够在人生的开始就受到整体性的审美教育，那么这种教育就会对一个人的心灵产生长远的、深刻的、潜移默化的影响，最终使这个人的人格趋向完善，并成长为一个真诚、善良、美丽的人，成为能够自我认识、自我完善和自我实现的人。胎教就是人生最早的审美教育，对一个人的发展起着开创性的作用，正如人们常说的那样，良好的开端就是成功的一半。通过澳大利亚和我国的专家对胎教儿童的追访表明，接受过胎教的儿童大都性格活泼、爱蹦爱跳，而且身体健康、聪明好学，有的成为早慧儿童，有的具有艺术等方面的特殊能力。

儿童智能的发育受后天环境与教育等多种因素的影响，因此很难单独评价胎教的作用，但胎教为婴幼儿智能发育奠定了一个良好的基础，并对儿童早期教育的开发起到了积极的作用，这一点是毋庸置疑的。

胎教更能激发宝宝右脑潜能

左脑是语言脑，右脑是图像脑。1981年美国加州理工学院的罗杰·斯佩里教授在因对右脑和左脑的研究获得诺贝尔生理学或医学奖后，人们逐渐认识到了它们的区别。通常，人们只是机械性地使用左脑，但左脑会抑制右脑发挥作用。实际上，右脑蕴藏着天才的能力，只要学会使用右脑，每个人都能变得优秀。在早教课程中，不少专家都把开发宝宝的右脑列为一项重要课程，这样的课程听起来高深莫测，其实并不难，在胎教中就可以开始尝试。

右脑式朗读

准妈妈在朗读的时候，可以试着把这些语言通过自己的想象使其形象化，也就是把文字描绘成画面，以便更具体地传达给胎儿。因为胎儿的大脑已经开始发育了，他对语言的接收不是用耳而是用脑来进行的，所以对他讲话不能单凭声音，还要在头脑中先把所讲内容形象化或是抓住某种感觉再讲出来。这样，语言就变成了一帧帧画面或是立体的形象，准妈妈和胎儿之间就形成了一种立体的双向传递方式。

右脑式欣赏

准妈妈在欣赏美好的画面时，不宜走马观花，而是要尽量记住这些美好的画面，即使画面在眼前消失，美好的印象仍保留在脑海中，这无疑是对胎儿的一种良好刺激。同样，准妈妈在聆听美好的乐曲时，总会有那么美妙的一两段旋律在脑中盘旋，这也构成了立体的传递，对胎儿的右脑发育大有好处。

右脑负责爱

右脑世界是充满爱的世界，心中充满爱，没有私心，才能更轻松地开发右脑。认识到这一点后，右脑胎教就水到渠成了。右脑最基本的功能就是心灵感应。胎儿时期，准妈妈与胎儿进行心灵交流，使母子产生一体感，就能发挥心灵感应的能力，心灵感应是一种不通过语言就能进行交流的能力。

受过胎教的宝宝更出色

胎教是集优生、优育、优教于一身的学问。国内外大量实践证明，经过良好胎教的婴儿，在听力、记忆力、性格等方面都表现出明显的优势。

◎ 情绪更稳定

接受过情绪胎教的宝宝很少无故哭闹，情绪比未接受过胎教的宝宝稳定、易安抚，能够较好地适应外界环境，容易形成与成年人一样的作息规律，养育起来更为轻松。

◎ 学习语言能力更强

接受过语言胎教的宝宝开始说话的时间较早，学习语言的能力较强。受过语言胎教的宝宝，6个月左右就可以用不同的语音、语调表达自己的意思，提醒妈妈喂奶或者帮助他大小便，让家人照顾起来更得心应手。

◎ 运动能力更强

接受过运动胎教的宝宝运动神经发育较早，手的抓握能力及四肢的运动协调能力强，能够较早地抓住玩具并进行玩耍。

◎ 音乐智能更高

接受过音乐胎教的宝宝对音乐很敏感，学习音乐和唱歌的能力强。另外，这样的宝宝出生后听到音乐声就容易安静下来，可以减少宝宝哭闹的时间。

◎ 更能适应新环境

接受过胎教的宝宝感觉很灵敏，能够敏锐地察觉到周围环境的变化，且接受能力强，不会因为到了陌生的环境就哭闹不已。

◎ 记忆能力更强

接受过胎教的宝宝记忆能力较同龄宝宝强，记东西也快。

◎ 社交能力更强

接受过胎教的宝宝外向活泼，喜欢与他人接触，在面对陌生人的时候也不会害怕、害羞。能通过与他人的接触，较早地理解各种口头语言和肢体语言，并且很爱笑，喜欢与他人互动，也更容易被他人接受。

总之，接受过胎教的孩子将来学习识字、听课、唱歌、游戏、与人互动等能力都较强。因此，只要认真努力地实施胎教，一定可以全面开发孩子的潜能。但要注意，宝宝出生后必须继续进行教育，才能巩固成果。

胎教从什么时候开始好

每一个宝宝在胎儿期都会有相同的潜能，如果这些潜能得不到及时开发，就有可能被永远掩盖。胎教的主要功能之一就是帮助胎儿开发潜能。

胎教最重要的时间就是胎儿脑部发育的阶段。脑部能否迅速发育，主要依胎教的实施情况而定。胎教是有意识地对胎儿进行教育，在大脑形成期给予充分的营养和适当的信息诱导。适宜地开发，大脑皮层的沟回就会相应增多，孩子也就越聪明。

胎教开始的时间

从广义上讲，胎教应该从择偶就开始。因为父母的形象、教养、性格、品质和健康状况等对子女都会产生深刻的影响。

从优生学的观点讲，胎教应从孕前3个月开始，以确保“种子”的优良和“土壤”的肥沃。

从狭义、具体地施加“刺激影响”方面来说，应该从怀孕1～3个月开始。父母传送给胎儿的信息，具有决定孩子未来的作用。准爸妈们应该好好把握这个时间。

胎教的重点

胎教并非单纯地教导胎儿学习数字或文字。究竟科学的胎教是什么，胎教的重点又是什么呢？

专家提醒准爸妈，胎教本身是为了促进胎儿感官功能的发育。那么只要是对胎儿有益的事情都可以归入胎教的范畴。大到环境的改善、情绪的调节，小到听音乐、散步及与胎儿说悄悄话，都是胎教的内容。在怀孕期间，父母保持稳定的身心状态、多用积极乐观的心态影响胎儿，是胎教的精髓所在。

胎教要顺应胎儿的身心发展规律

胎教其实并不难，只要顺应胎儿身心发展的自然规律，为其“修路搭桥”，为他的生存发展创造一个好环境就可以。父母健康的身心，优美、宁静、舒适、和谐的生活环境，母亲平和、安乐的心境，这些都能使胎儿的感觉器官——大脑皮质受到良性刺激，为孩子将来拥有大智慧和好性情奠定基础。

◎ 每天胎教需要多长时间

从广义上来说，从备孕就应该开始为胎教做准备。在不影响准妈妈和胎儿休息的情况下，胎教的时间长短没有限制，随时随地都可以进行。

音乐胎教类：准妈妈可以选择自己喜欢的，或轻缓柔和，或欢快流畅的音乐，每天按照实际情况安排一次10分钟左右的音乐胎教时间。

情绪胎教类：包括讲故事，读诗歌、散文等，宜选择篇幅较短的，内容积极向上的进行朗读，时间控制在10分钟左右。

◎ 实施胎教的最佳时间

中午12点：此时人的视力处于最佳状态，可以清晰地看到美丽的风景，准妈妈可以在这段时间欣赏优美的绘画作品。

晚8点左右：这个时间是准妈妈听觉神经最敏感的时间，也是最佳胎教时间。准妈妈已经吃过晚饭并稍做休息，精神慢慢恢复。此时最好能和准爸爸一起进行胎教，这样效果更佳。

以上是针对不同胎教方法所需要的时间。日常生活中，准妈妈和准爸爸给胎儿营造一个良好的生长环境，在正确的时间选择正确的胎教内容，就是对胎儿最好的爱。带着这份爱，让我们开始胎教的旅程吧！

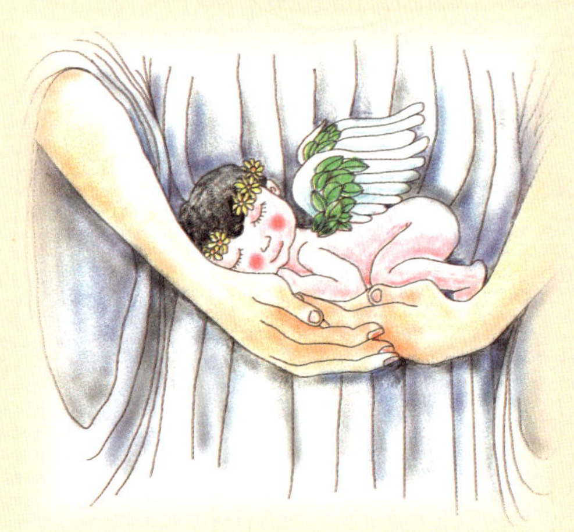

怀二胎的妈妈可以让大宝参与胎教

根据杜恩和肯德里克对儿童如何接纳新生婴儿进行的研究表明，随着第二个孩子的出生，母亲对第一个孩子的关注会有所减少，而第一个孩子如果已经满2岁或者更大，往往能够很容易地感知到自己与父母间的亲密关系被弟弟（妹妹）的到来而破坏。因此，大宝会变得更加对立和具有破坏性，同时对父母的依恋程度也会降低。

对于准备要二胎的家庭，父母要和大宝沟通好。怀孕以后也不要忽视了对大宝的关爱和教育。如果是意外怀孕，也需要把这件事自然地告诉大宝。如何让大宝欣然接受即将到来的弟弟（妹妹），需要爸爸妈妈花费一些心思。

让大宝参与胎教

怀有二胎的家庭，妈妈不要因为怀孕后的妊娠反应或身体疲倦而忽略了对大宝的关爱和教育。对于比较小的孩子，爸爸妈妈每天要有一定的时间和大宝做游戏、画画、唱歌、跳舞……在这个过程中，大宝会感受到爸爸妈妈并没有因为肚子里的胎儿而减少了对他的爱。同时，这些活动也是一种胎教，让肚子里的胎儿听到爸爸妈妈和哥哥（姐姐）的笑声、歌声，感受到来自家庭的浓浓的亲情和温暖。

让大宝参与整个孕程

确认怀孕以后，要把这件事自然地告诉大宝，并经常和大宝谈论肚子中的弟弟（妹妹），告诉大宝，小宝住在妈妈的肚子里，需要大家的关爱。你是大哥哥（大姐姐），以后你就有小弟弟（小妹妹）了。

胎教书也是亲子早教书

音乐、故事、儿歌、亲子游戏、散文、诗歌、幽默笑话、油画、简笔画、涂色游戏、手工、运动……这些素材内容既可以作为胎教训练来进行，又是不可多得的早教素材，怀二胎的妈妈可以选择适合大宝的内容，带着大宝一起做，可谓一举多得。

孕早期胎教要点

◎ **第1个月，多加轻抚**

第1个月末，给予还是“胚胎”的胎儿适当的物理刺激，如轻轻抚摩等，有助于胎儿大脑的发育。

◎ **第2个月，多注意用药安全和营养**

此时，到了胚胎发育最关键的时期。胚胎对致畸因素比较敏感，要多注意用药安全。此外，孕吐反应可能引起营养不良，要树立母儿同安的观念，在精神与饮食营养上保护胎儿。

◎ **第3个月，多保持愉快的心情**

此时，胚胎各器官分化到了关键期。愉快的心情可调节内分泌，进而促进胎儿的发育。

孕中期胎教要点

◎ 感觉训练

胎动的出现，标志着胎儿中枢神经系统已经分化完成。这时，应给胎儿各感觉器官适时、适量的良性刺激，可以为宝宝出生后的早教奠定基础。

◎ 听觉训练

有意识地对胎儿进行听觉训练，如播放优美抒情的乐曲、聊天儿、讲故事等，以刺激胎儿的听觉发育。

◎ 触觉与动作协调训练

胎儿这时对触觉与力量很敏感，准妈妈可轻轻拍打和抚摩腹部，这对胎儿将来动作的灵活性与协调性有益。

◎ 健康监护训练

准妈妈要多注意自己身体的水肿、便秘等问题，学会监护胎儿、数胎动、听胎心等。

孕晚期胎教要点

◎ **光敏感训练**

随着胎儿各器官发育成熟，当光源经腹壁照射时，胎儿的头部可转向光源方向，并出现胎心率的改变。

◎ **重复以往的胎教训练**

为了巩固胎教效果和促进分娩，准妈妈可适当坚持重复以往的一些胎教内容，并保持良好的情绪。

◎ **分娩训练**

准妈妈还应掌握相应的分娩知识，多练习一些分娩技巧。

孕1月 生命的开始

第1～4周

生命的初始：当精子遇到卵子

人们往往用“怀胎十月”来形容准妈妈所要经历的怀孕历程。其实，按照实际公历月计算，胎儿在准妈妈子宫内生活的时间并没有10个月那么长。几乎所有准妈妈都是在停经以后确知怀孕的，这就给怀孕的时间计算带来了麻烦。为了方便计算，怀孕期一般都以准妈妈末次月经的第一天为起始时间。

“胎儿”的发育

第1周时，备孕女性正处于月经期，“胎儿”还只是一个正在发育的卵子。第2周末，排卵期开始，卵巢会排出一枚成熟的卵子。第3周时，精子和卵子已经结合在一起，形成受精卵。受精卵不停地分裂，当成为由100多个细胞组成的细胞团时，它已经经历了43次分裂。因其形状像桑葚，所以被称为“桑葚胚”。它会继续分裂成一个中空的胚泡，当胚泡到达子宫腔后，会黏附在子宫壁的表面，并从血管里汲取氧气和营养，细胞分裂过程中产生的蛋白分解酶会帮助胚泡溶解子宫内膜，然后慢慢地住进子宫内膜中。在接下来的约5天时间里，胚泡会完成着床。在着床的过程中，胚泡不断进行细胞分裂，到受精后约12天，胚泡几乎全部被子宫内膜增生的上皮所覆盖，形成一个小小的隆起，这就是胚盘。

准妈妈的身体变化

大多数准妈妈此时感觉不到任何异常，有些敏感的准妈妈可能感受到妊娠反应了，如疲劳、乳房变软、消化不良等。这时候子宫、乳房大小形态还看不出有什么变化，准妈妈的体形和孕前也没什么区别。

准妈妈的情绪决定胎教的成败

母子间有心电感应

研究表明，宝宝从胎儿期开始，就能借着心电感应来感觉母体带来的波动了。准妈妈的情绪会通过神经递质的作用影响到胎儿。当准妈妈无忧无虑、开心舒畅时，这种良好的情绪会促进胎儿大脑的发育；如果准妈妈情绪低落、不安，对处于敏感期的胎儿神经系统的发育不利。

情绪胎教从调节自我情绪开始

孕早期，如果准妈妈的生理反应比较剧烈，如恶心、呕吐、乏力、食欲不振等，往往会影响准妈妈的心情、情感与心理平衡。而恰恰此阶段既是胚胎各器官分化的关键时期（胚胎于此阶段形成），也是胎教开始的重要阶段。准妈妈的情绪会通过内分泌的改变影响胎儿的发育。准妈妈在怀孕早期的不愉快心情，往往可以影响到胚胎。因此，孕早期保持健康而愉快的心情是这一时期胎教的关键。

胎教要从准妈妈自我情绪调节开始。其实，从怀孕之日起，每个准妈妈已经自觉或不自觉地开始了胎教，这就是夫妻双方（尤其是准妈妈）对新生命的渴望，对饮食起居的安排与调整。如果准妈妈对早孕反应过于敏感和紧张，甚至反感和厌恶，将不利于胎儿的身心健康和发育。

这一时期，除了准妈妈的个人情绪调节以外，也可以按照胎儿感觉功能发育顺序，给予胎儿适当超前的良性感官刺激。准妈妈情绪虽然仅属于间接胎教范畴，但是对胎儿大脑发育有着重要影响，务必引起足够重视。

环境胎教：优化胎宝宝的生长环境

胎宝宝的生长是从精卵结合开始的。从受精卵形成的那一刻起，环境因素就对胎宝宝产生极大影响。影响胎宝宝的环境因素分为化学环境和物理环境。化学环境，包括母体的营养、疾病、服用的药物，以及孕妇情绪变化所产生的内分泌改变等。物理环境，包括子宫内的温度、压力，母体的身体姿势和运动，以及身体内外的声音等。这两种环境的直接和间接刺激都会对胎宝宝的生理、心理发育产生有利或有害的影响。

此外，还要重视胎宝宝生长发育的另外一个环境——子宫外的环境，即准妈妈所处的环境，包括工作环境、居住环境等。良好的外环境，能使胎宝宝受到良好的感应，外界的色彩、音乐乃至无限美好的大自然景色等，不仅使准妈妈得到了美与欢快的感受，同时也影响她腹中的胎宝宝。

每个人都有一个范围相当广阔的智力潜力，这个范围的上限和下限是由遗传决定的。一个拥有良好的遗传因素的孩子，如果他后天生活环境差，无良好的教育，个人也不努力，他的智力发展就会受到限制，智商就较低；相反，如果一个孩子遗传因素一般，但他得到良好的教育，个人又勤奋努力，他的智力就会得到充分的发展，智商也较高。

因此，专家将先天的遗传因素，后天的环境、教育条件(包括胎教)，个人的主观努力程度称为决定人们智力差异的三要素。母爱是一种非常伟大的力量。它可以改变一种控制大脑对压力反应的基因的表达。这种基因变化导致大脑中海马区长出更多的压力受体，减少身体对压力的反应。这种基因变化是持久的，甚至可以遗传给后代。因此，从怀孕起，就请对腹中的胎宝宝充满爱！

宝宝性格爸妈定

性格是儿童心理发展的一个重要组成部分，它在人生的历程中起着举足轻重的作用。我们知道，人的性格是先天遗传因素和后天成长环境共同作用的结果。环境对性格的影响从胎儿期就开始了，“人之初”的心理体验对日后的性格形成影响深远。因此，在怀孕期间注重胎儿性格方面的培养就显得尤为必要。

准妈妈的子宫是胎儿的第一个环境。许多研究表明，孕妇的精神状态、情感、行为、意识等也同样可以引起激素分泌的异常改变，从而影响到胎儿的性格形成。如果这里充满和谐、温暖、慈爱的气氛，那么胎儿幼小的心灵将受到同化，意识到等待自己的那个世界是美好的，进而逐步形成热爱生活、果断自信、活泼外向等优良性格的基础。反之，倘若夫妻生活不和谐、不美满，经常吵架，甚至充满了敌意和怨恨；或是夫妻有一方不欢迎宝宝，从心理上排斥、厌烦，那么胎儿就会痛苦地体验到这种冷漠、仇视的氛围，随之形成孤寂、自卑、多疑、怯弱、内向等性格的基础，这显然对胎儿今后的人生会产生极为不利的影响。

在孕早期，受怀孕影响，准妈妈体内的激素分泌状态会发生变化，情绪极易波动，总是表现得精神疲倦、闷闷不乐，这对胎儿非常不利。此时受精卵刚刚在准妈妈的子宫中着床，还很脆弱，如果在这个敏感的时期不小心刺激了胚胎，容易导致胚胎发育异常，甚至流产。所以，准妈妈要学会控制自己的不良情绪，保持愉快的心情，避免对胎儿造成伤害。

从受精卵开始，胎宝宝就已经开始不断接收准妈妈的信息了。准妈妈的好心情会让胎宝宝觉得安稳，准妈妈的坏情绪则可能会影响到胎宝宝的健康发育。所以，准妈妈不仅需要饮食方面的营养，更需要有愉快的心情和稳定的情绪，即“心理营养”。愉快的情绪可以使人体血液中氧气充足，使准妈妈和胎宝宝都处于放松、安静的状态。在这种环境下，胎宝宝就会更愿意接触外面的世界，对一切充满好奇心与期待，从而有助于以后形成健康、积极向上、乐观的性格。

夫妻关系影响胎儿的情绪

情绪胎教，主要就是通过阅读一些优美的文字，听一些动人的乐曲，和别人进行交流，做一些自己感兴趣的事情等方式，让准妈妈获得幸福感，平和情绪，带给胎儿最好的精神营养和“正能量”。

夫妻感情融洽是家庭幸福的重要条件之一，同时也是胎教和优生的重要因素。在美满幸福的家庭中，胎儿会安然舒畅地在母亲腹内顺利成长，生下的宝宝往往聪明、健康、漂亮。倘若夫妻感情不和，彼此间经常争吵，长期精神不愉快或过度忧伤抑郁，会导致准妈妈大脑皮层的高级神经中枢活动障碍，可引起内分泌、代谢过程等发生紊乱，并直接影响到胎儿。如果在怀孕早期，夫妻之间经常争吵，准妈妈情绪波动太大，可导致胎儿发生唇裂等畸形，并影响出生后婴儿的情绪；如果在怀孕中晚期，夫妻不和而致准妈妈精神状态不佳，则会改变胎动次数，影响胎儿的身心发育，宝宝出生后往往表现为烦躁不安、易受惊吓、哭闹不止、不爱睡觉、经常吐奶、频繁排便、明显消瘦等。可见，夫妻感情直接影响着胎教效果，关系到宝宝的身心健康。

国外研究机构的观察实验发现，准妈妈在争吵后，3周以内仍可能情绪不宁，此间的胎动次数也会较之前增加1倍。有些女性怀孕时，丈夫脾气不好，或自身精神状况不佳，所生的婴儿多有消化功能不良等现象。据统计，这类感情不和的夫妻孕育的胎儿在身心缺陷方面的概率比那些美满和谐、感情融洽的夫妻所生的宝宝要高1.5倍，出生后婴儿因恐惧心理而出现神经质的概率也比后者高4倍，这类儿童往往发育缓慢，怯懦胆小。

“四二一家庭”式胎教，科学实施才有效

现在很多家庭都是“四二一家庭”，即四位老人，一对夫妻，一个孩子。胎教是当今社会广为接受的胎儿早期教育理念之一，胎教更是牵动着家中爷爷奶奶、姥爷姥姥的心。那么，年轻的小夫妻与家中老人们又该如何配合呢？

统一认识

年轻的夫妻容易接触很多新鲜的胎教理论，而同时，“四二一家庭”中的老人们由于对新生事物的胎教理论并不了解，大都认为胎宝宝需要的是营养，而非“虚无缥缈”的胎教。新老两代人的思想观念差异，不可避免地会造成对胎教认识的错位。在此情况下，老人们和年轻的小夫妻都需要在胎教这一育儿理论认知上达成共识，以便更好地实施胎教。因此，无论是老人还是年轻的小夫妻，都应该调整观念，正确理解胎教的科学内涵，以确保胎教科学有效地进行。

勿多方发言

在“四二一家庭”中，有一种常见的现象是，爷爷奶奶、姥爷姥姥、小夫妻都想在胎教实施过程中占据主导地位，都想让全家顺着自己的思路来实施胎教。

这种多方发言的现象实为科学胎教之大忌。专家研究认为，胎教最重要的是尊重科学，多方发言只会造成多头指挥，盲目施教，从而影响胎教效果。

忌盲目尝试

“四二一家庭”中，由于小宝宝的特殊地位，爷爷奶奶、姥爷姥姥难免会经常利用各种渠道了解多家胎教机构，而小夫妻为达到更好的胎教效果会到多家胎教机构去学习和培训。如此一来，只会让正常的胎教变成漫无目的的多方实验，不仅浪费钱，也对胎宝宝的健康成长没有帮助。爷爷奶奶、姥爷姥姥和小夫妻应在胎教培训机构的选择上统一意见，慎重选择。

多注重日常生活细节

胎教并非准爸爸、准妈妈听听轻音乐、读读优美或有趣的文章这些简单的内容，它更是一个系统的工程，需要所有家庭成员的密切配合。在进行胎教的过程中，温馨、和谐、快乐的家庭环境是确保胎教效果的重要因素。爷爷奶奶、姥爷姥姥要主动配合，为胎宝宝创造一个温馨、和谐、快乐的家庭环境。只有如此，才能确保胎教的有效进行。

孕2月 胎教要注重情绪和营养

第5周
从“苹果籽”长成“小海马”

从上周开始，胚盘在细胞分化中逐渐分成3层，这3层正逐步发育成胎宝宝的各个器官。

胎儿“飞”一般长大

第5周，细小的胚胎长度只有约4毫米，在医院借助仪器，可以看到的是一个外形酷似小海马的苹果籽大小的胚胎。本周，胎儿的发育突飞猛进，腿开始以出芽的方式长出，手臂分成手、臂、肩，心脏开始有规律地跳动并开始供血。在接下来的时间里，胚盘将发育成3个胚层，将来会分别形成各种组织器官。最外面的一层，将形成皮肤和神经系统等；中间一层，将形成骨骼和肌肉等；最里面一层，将发育成肝脏和肠道组织等。着床后的胚胎慢慢长大，胎儿的大脑已经开始发育了，慢慢分化出脑和神经系统，胎儿最先建立起的就是人体的“司令部”。因此，适时地进行胎教，是非常有必要的。

准妈妈出现早孕反应

准妈妈月经结束至这个时期，即使还没有确认怀孕，但是也可能已经出现恶心、疲倦、嗜睡等现象。当这些早孕反应出现时，不要惊慌，也不要担心，因为当胎儿向妈妈发出他到来的讯息时，就已经证明他现在足够健康。因此，在接下来的日子里，准妈妈要放松心情，冲淡早孕反应给自己带来的不适，让自己更快乐、更轻松，这才是最好的胎教。

胚胎期是胎儿各器官分化发育的关键时期，许多导致畸形的因素都非常活跃。在第5周左右，心脏、神经管系统最敏感，最容易受到损伤。在这个敏感阶段，准妈妈更要注意自己的生活环境和饮食起居，减少剧烈活动，从而使胎儿安然度过这一时期。在怀孕第5～8周期间，通过B超可以确定怀孕胎数。

神经管发育，情绪与营养是胎教重心

着床后的胚胎慢慢变大，最先发育的是胎儿的大脑。这个时期，胎儿的大脑开始发育，慢慢分化出脑和神经系统。准妈妈的营养以及情绪是确保胎儿大脑发育的关键。

均衡营养造就胎儿完善的神经系统

这个时候，要有意识地加强营养，均衡而丰富的营养会给胎儿脑细胞和神经系统一个良好的成长环境。

另外，还应注意多摄取叶酸，每天的饮食中要包含叶酸丰富的新鲜蔬果。根据需要，还应在医生的指导下补充叶酸制剂。

良好情绪可以让胎儿更聪明

准妈妈的情绪可以通过神经递质的作用影响到胎儿，当准妈妈无忧无虑、幸福甜蜜时，这种良好的情绪会促进胎儿大脑的发育，会使宝宝获得较高的智商；相反，如果准妈妈情绪低落、不安，将对胎儿处于敏感期的神经系统的发育非常不利。

准妈妈要内心充满阳光。笑是人心态平和与内心善良的表现，也是体内胺多酚分泌量增高的时候。胺多酚也被称为“快感激素”或者“年轻激素”，这种物质可以帮助人保持年轻快乐的状态。所以，准妈妈要让自己开心，以快乐的心态面对生活和工作。笑不仅可以减少精神压力，增强人体免疫力，同时还能把快乐的情绪传递给胎儿，让他在妈妈肚子里就吸收到满满的“正能量”。

情绪不好的时候，要学会自我调整，做一做深呼吸，或者看一些轻松幽默的节目，读一则笑话或者与家人、朋友倾诉自己的烦恼。

孕初期就可以开始音乐胎教

音乐胎教能促进胎儿脑神经发育

神经元是神经系统的基本结构单位和功能单位。胎儿将来的智力水平的高低与脑神经元的发育关系十分密切。脑神经元表面有一大的分支（即轴突）和很多小的分支（即树突）；两个脑神经元之间依靠轴突、树突相接触而传递冲动（即沟通信息），其接触的部位称为突触。突触越多，孩子往往就越聪明。准妈妈在进行音乐胎教的时候，可以把优美的声波不断地传输给胎儿，促使其脑神经元的轴突、树突及突触的发育，甚至使原本无关的脑神经元相互连通，为优化胎儿后天的智力及发展音乐天赋奠定基础。

音乐是稳定情绪的好方法

科学家认为，当人处于优美悦耳的音乐环境之中，可以改善神经系统、心血管系统、内分泌系统和消化系统的功能，可以调节血管内的血流量和神经传导；良性的音乐能提高大脑皮层的兴奋度、改善情绪、激发情感、振奋精神，同时有助于消除紧张、焦虑、忧郁、惊恐等不良心理状态。对于准妈妈来说，怀孕也许是个漫长而焦虑的过程，但如果每天听20分钟音乐，就可以简单有效地缓解紧张、焦虑情绪。这个时期，听音乐并不是为了培养胎儿的音乐素养，其最主要的作用应该是令准妈妈心情愉悦。

不是所有的音乐都适合

现在的准妈妈和胎儿共享一个血液系统。准妈妈对于那些旋律优美、节奏舒缓、曲调欢快的音乐会很有好感，而对于那些节奏强烈、音色简单的音乐则会比较排斥。在选择音乐时，可以跟着自己的感觉走，不必限定在某一种音乐类型中。

准爸爸在胎教中的“角色定位”

做准妈妈的“心理咨询顾问”

由于生理上和心理上的变化，准妈妈在妊娠期间的脾气、性格会发生一定程度的变化，常会出现烦躁、易怒、紧张、抑郁等情绪波动。面对准妈妈的不良情绪，准爸爸要做好开导工作。在准妈妈发脾气、愤怒的时候，准爸爸应以最宽大的胸襟面对准妈妈，不可随性地与准妈妈争吵，应换个角度调节准妈妈的情绪。而且要提醒准妈妈，发脾气会影响胎儿的健康。准爸爸还可以开动脑筋制造一些小惊喜，帮助准妈妈增加生活情趣并缓解不良情绪。

做准妈妈的“保姆”

准妈妈在孕早期会出现一定程度的妊娠反应，如果调理得当，则能安心度过孕早期。相反，如果准爸爸没有照料好准妈妈，很可能会加重她的妊娠反应，也可能令她出现不良情绪，从而影响准妈妈自身及胎儿的健康。为此，准爸爸要在精神和物质两方面，充分照顾好准妈妈。

在精神方面，准爸爸要一切从准妈妈的角度出发，多与准妈妈聊天儿、沟通，给她讲些笑话和幽默故事，经常和她腹中的胎儿说说话，使她的心情更加愉快。

在物质方面，准爸爸应保证准妈妈摄取充分的营养。同时，针对恶心、食欲不振等妊娠反应，为准妈妈提供一些口味清淡、易于消化的可口食物。

做准妈妈的贴心“保护伞”

准爸爸对准妈妈的爱护对母子俩都是非常重要的。这个时候的准爸爸，应该义不容辞地承担起照顾准妈妈、为准妈妈创造最佳养胎环境的重任。例如，准妈妈出门的时候，准爸爸应陪伴在其身边，照顾她的出行，避免其腹部受到碰撞；在家里，准爸爸应给母子创造最安静、舒适、温馨的家庭环境，以避免不良环境对胎儿的不利影响。

准爸爸胎教：讲故事《王羲之教子》

王羲之教子

王羲之是东晋著名的书法家，他对孩子的管教非常严格。他规定，七个儿子在吃饭、穿衣上都要艰苦朴素，不能铺张浪费。

小儿子王献之七八岁的时候，便开始学习书法。有一天，他将自己写的字拿给父亲看。

王羲之看一张摇一下头，直到看到一个“大”字才有了点儿笑意，提笔在“大”字下面点了一点，然后把字都还给了儿子。

王献之很不解地拿着自己的字，走到母亲面前，仰着脸问道：“我的字和父亲的字有何不同？”母亲拿着他的字看了半天，然后指着那个“大”字底下的一点，对王献之说：“只有这一点像你父亲的字！”

王献之明白了自己与父亲之间的差距，下定决心苦练书法。功夫不负有心人，他的书法水平提高得很快，终于成为一代大家。王献之也与其父亲王羲之被世人并称为“二王”。

父母是宝宝最好的老师

古人云“虎父无犬子”，意思是出色的父亲不会养出普通的儿子。我国古代父子都颇有成就的有很多。比如，这个故事里的王羲之和王献之，被并称为“二王”；北宋大散文家苏洵与两个儿子苏轼、苏辙合称为“三苏”。

所以，爸爸妈妈以后一定要悉心教导宝宝，做宝宝的好老师。

第6周 胎儿能动了

这一周，胎儿生长得非常迅速，胚胎开始漂浮在充满液体的羊膜囊中。

胎儿能转动了

胎儿心脏的跳动频率在这一周可以达到150次/分钟，不过现在还听不到。最神奇的是，胚胎在接下来的日子里能够轻微地移动了。虽然准妈妈还无法感受到这一奇妙微小的变化。

小小的胚胎已显现出多种器官的雏形

这时候的胚胎细胞还在迅速分裂，形状像颗蚕豆，主要器官包括初级的肾和心脏的雏形都已发育，已经长出了心室，并且开始供血。神经管开始连接大脑和脊髓，原肠也开始发育。四肢的幼芽也开始长出，头和躯干已经能分辨清楚了，长长的尾巴开始缩短。胎儿现在的形状像英文字母C，面部有小黑点，那是将来的眼睛；小的空洞是鼻孔；深凹下去的地方，将来是耳朵；手和脚看上去像划船的桨。

准妈妈经常感到疲劳

进入第6周，大多数准妈妈会时常感到疲劳、犯困而且排尿频繁。这个时期，准妈妈要稳定情绪、放松身心、充分休息，以便能顺利度过最初的艰难时刻。在饮食上，准妈妈要注意多吃含有叶酸的食物，保证胎儿神经管健康发育。

准妈妈日常起居要谨慎

准妈妈不可过度劳累。平时要避免搬运重物或进行激烈运动，做家务与外出次数也应尽可能减少。

适当休息，睡眠要充足。感到疲劳时不要洗澡，以免眩晕摔倒。要及早卧床休息。

准妈妈要保持大便通畅，避免便秘。如果出现出血伴下腹胀痛、腰部乏力或酸胀疼痛，应立即去医院就诊。

不要到剧院、舞厅、商店等人流较多的地方。

避免与患流感、风疹、传染性肝炎等疾病的患者接触。

行为胎教：依据胎宝宝的生物钟进行胎教

胎宝宝的睡眠普遍要保持在18个小时以上。当胎宝宝处于熟睡状态时，无论进行多么积极的胎教，都只能事倍功半。因此，了解胎宝宝的生物钟，并按照胎宝宝的生物钟实施胎教计划，将会达到事半功倍的效果。

了解胎宝宝的生物钟

要在胎宝宝醒着的时候进行胎教，准妈妈就要了解胎宝宝的生物钟。“生物钟”如钟表一般安排着人体的时间规律，人们会根据自己的生物钟对生活规律进行相应的调整。准妈妈也应根据胎宝宝的生物钟来进行胎教，这样才能收到更好的胎教效果。

依照生物钟制订胎教计划

胎宝宝的胎教应该充分运用人体生物钟的规律，下面的“生物钟胎教计划”可以给准妈妈和准爸爸们一个参考。

7:00 体温上升，脉搏增加。准妈妈可以自我感受一下身体状况。

10:00~11:00 这个时间段内人体可以最大限度地承受各种疼痛，应付不安情绪。准妈妈可以在这个时间段内做一些烦琐的家务事。

12:00 人们的视力处于最佳状态。此时，准妈妈为了腹中的胎宝宝可以欣赏一些优美的绘画作品来给胎宝宝做胎教。

13:00~14:00 记忆力有所减弱。准妈妈在这个时间段小睡片刻，保证每天大约30分钟的午休。

15:00 身体各种功能处于最高运行阶段。此时可以进行手工、书法、插花等方面的活动。

16:00 人体运动细胞处于最活跃的状态。准妈妈可选择到离家近的公园或其他幽静的地方散步。

17:00 食欲最旺盛的时间。如果准妈妈想吃东西的话，可适当地吃一些点心或其他喜欢吃的食物。

20:00~23:00 这个时间是听觉神经最敏感的时间，也是最佳胎教时间。准爸爸、准妈妈可以共同进行胎教。

次日1:00 这个时候是准妈妈最容易感受到阵痛的时间。若准妈妈处于妊娠最后一个月，准爸爸和家人必须在这个时间段保持高度的警惕。

营养胎教：准妈妈要多吃补脑食物

胎儿现在正处于脑细胞迅速增殖的阶段，从现在直到出生前1个月，大脑的发育都将处于高速期。因此，从现在开始要有意识地进食补脑食物。以下是几类补脑效果较好的食物。

鱼类：鱼肉中含有对神经系统具备保护作用的不饱和脂肪酸，有助于大脑的发育。

全麦制品和糙米：全麦制品和糙米中含有多种维生素，对保持大脑的认知能力至关重要。

鸡蛋：鸡蛋富含人体所需的氨基酸，而蛋黄除富含卵磷脂外，还含有丰富的钙、磷、铁以及维生素A、维生素D、B族维生素等，对脑部保健十分有益。

核桃和芝麻：这两种食物营养非常丰富，可为大脑提供充足的亚油酸、亚麻酸等分子较小的不饱和脂肪酸，以提高脑的功能。另外，核桃中含有大量的维生素，对于补脑、健脑也非常有益。

一些营养素对大脑的作用及其对应的食物

营养素	对大脑的作用	对应食物
维生素 C 维生素 D 维生素 E	促进脑细胞的结缔组织形成	柑橘类水果（如橙子、蜜橘、金橘）、猕猴桃、石榴等
维生素 A	加强脑神经的连接	鱼油、全脂奶或酸奶、深黄色的蔬果（如红薯、木瓜、南瓜、胡萝卜等）
钙	促进脑部骨骼的发育	牛奶、钙片、维生素 D 制剂等
铁	促进脑神经细胞增生，帮助髓鞘化	猪血、鸭血、动物肝脏、蔬果（如苋菜、菠菜、葡萄、樱桃、苹果等）

音乐胎教：多听与胎音合拍的音乐

在这个月，准妈妈最好听一些轻松愉快、诙谐有趣、优美动听的音乐。力求将准妈妈的忧郁和疲乏消除在音乐之中。

胎宝宝喜欢听与子宫内胎音合拍的音乐，如优美的西欧古典音乐。莫扎特的音乐就是个不错的选择。在他的乐曲中，蕴藏着和人类生命节律相通的部分，那是一种犹如河水潺潺流动样的周期波声音，与大脑中的阿尔法波和心跳波动的图形相似，很容易被胎宝宝和准妈妈接受。

还可以选听《春江花月夜》《假日的海滩》《锦上添花》《矫健的步伐》等曲子。特别值得一提的是《春江花月夜》这首曲子，旋律和谐、优美、明朗、愉快，仔细聆听，仿佛置身于皓月当空、春花烂漫、宁静空旷的江岸。这首乐曲的题目也令人心驰神往，春、江、花、月、夜，这五种事物体现了多么动人的良辰美景，构成了诱人探寻追求的艺术境界。

听音乐时，准妈妈要全身放松，半躺或半卧在一个舒适的地方或摇椅上，听时，最好忘却眼前的事情，静静地随着音乐放松心灵；最好本月每天听的乐曲固定，音量以75～80分贝为宜，每天听两次，每次进行20～30分钟。

胎教小百科：胎教音乐的分类

胎教音乐可分为孕妇音乐和胎儿音乐两类。孕妇音乐是供孕妇欣赏的，应以宁静为原则。孕妇通过欣赏音乐，可以调节情绪，产生宁静、舒适的感觉，使胎宝宝很快安静下来。同时，声波还可直接通过母亲腹壁传导给胎宝宝的听觉系统，促进胎宝宝的智力发育。胎宝宝音乐轻松活泼，可以激发胎儿对声波的良好反应。适合于胎宝宝听的胎教音乐主要有《我将来到人间》《秋夜》等。胎宝宝喜欢听与子宫内胎音合拍的音乐，如优美的西欧古典音乐等，不喜欢听尖、细、高调的音乐。

语言胎教：朗诵诗歌《领悟》

这是曾获诺贝尔文学奖的智利女诗人加夫列拉·米斯特拉尔在孕育过程中写下的文字。她以柔软的笔触记录了从怀孕之初到宝宝出生的整个过程，也表达了初次做母亲时美好而丰富的内心世界。

领悟（节选）

我现在才明白，二十年来我为什么沐浴阳光，在田野上采摘花卉。在那些旖旎的日子里，我常常自问：

温暖的阳光、如茵的芳草，大自然这些美妙的恩赐有什么意义？

像照射一串发青的葡萄那样，阳光照射了我，让我奉献出甜美。我身体深处的小东西正靠我的血管在点滴酝酿，他就是我的美酒。

当我激动地读一首诗时，美的感受把我燃烧得炽热。这也是为了他，因为我希望他从我身上得到永不熄灭的热情。

音乐胎教：听古琴曲《阳春白雪》

古琴是中国历史上最古老的弹拨乐器之一，被称为“国乐之父”。古琴对古人来说，不但是乐器，也是抒怀寄情之物，在古人“琴棋书画”四大“雅好”中居于第一，被古人视为高雅的代表。

中国古代流传至今的古琴曲也可作为准妈妈进行胎教音乐的一种选择，这些曲子的音乐结构集中、严谨、富有层次感，音乐形象也很鲜明，它所传递的艺术感染力不仅能陶冶身心，更能提高音乐素养。想接受中国传统文化的熏陶，就从这一首古琴曲开始吧。

《阳春白雪》是中国著名十大古曲之一，相传是春秋时期晋国的乐师师旷或齐国的刘涓子所作。《阳春白雪》生动形象地描绘了冬去春来，大地复苏、万物生辉，一派生机勃勃、姹紫嫣红、春意盎然的景象。旋律清新、流畅，节奏轻松、明快，富有活力。准妈妈可以感受一下质朴而丰富的音乐语言中表现出的积极进取、乐观向上，以及对大自然充满无限感情的精神气质。相信这首古琴曲可以让准妈妈和胎宝宝耳目一新。

准妈妈可以在听到某个节奏时跟着节奏轻抚腹部，让自己的情感与胎宝宝互通。胎宝宝虽然还听不懂音乐的内容，但是优美的旋律会给胎宝宝的大脑留下美好的记忆，使他朦胧地感知世界的美好与和谐，并把“爱”深深刻在脑海里。

第 7 周

长出幼芽般的小胳膊、小腿儿

长出小胳膊、小腿儿

这一周，胚胎上伸出了幼芽般的四肢。现在看上去很明显，在其末端有裂，以后这些将发育成手指和脚趾。两条胳膊仍然很像鱼鳍，比腿长一些。而且胎儿的胳膊比腿发育得稍快，这种状况会一直持续到宝宝3岁以后。

进入重要的发育时期

这一周，胎儿的大脑、身体以及头部将经历重要的发育时期。胎儿现在的神经系统轮廓已接近完成。心脏已经划分成左心房和右心室，并开始了有规律的跳动，每分钟大约跳150次。开始有血液在胎儿体内循环。头部明显增大，胎儿面部正在形成。两眼在头部两侧，现在还只是两个小黑点。胚胎有两肺、肠、肝、两肾以及内生殖器官，但均尚未完全形成。此时，胎儿的头部占了全身的很大比例。

准妈妈要保持心情舒畅

这段时间，准妈妈情绪波动很大。需要注意的是，早孕胚胎的发育异常和新生儿腭裂或唇裂的原因之一，就是准妈妈长期情绪过度不安或焦虑。因此，一定要保持心情愉快。

目前这几周是胎儿发育的关键时期，维持胎儿生命的器官正在生长，所以更应注意营养，务必保证营养的均衡合理。如果呕吐厉害，体重下降严重，最好去医院检查，看是否需要补充葡萄糖。

多数准妈妈在孕期都需要上班，因此，需要提早制订一个胎教计划。同时也提早安排好孕期的工作，不要让繁忙的工作打乱胎教计划。提早的安排会让准妈妈规划好工作与休息，保持良好的孕期心情。

胎教可调节准妈妈情绪，提高求知欲

优美的音乐让胎儿感受到世界的美好，温馨有趣的故事让胎儿熟悉爸爸妈妈的声音，美味营养餐为准妈妈和胎儿保驾护航，准妈妈做手工就把注意力集中的感受传递给了胎儿，准妈妈欣赏油画就告诉了胎儿色彩的奇妙，准爸爸手掌的抚摩让胎儿的反应更加灵敏……胎教就这样开始了。

听音乐、讲故事

当准妈妈在聆听音乐时，可以加入自己的情感，在脑海里形成各种生动有趣的具体形象。胎教音乐节奏不能太快，音量不宜太大，不要有突然的巨响，时长以10～15分钟为宜。胎教音乐的选择因人而异，准妈妈喜欢很重要。童声、古典音乐等均可作为胎教音乐。

讲故事可以由准妈妈讲，也可以由准爸爸读给准妈妈听。讲故事的时间可以安排在闲暇时间或在睡前。准爸妈选择胎教书籍时不要有先入为主的观念，应尽量广泛阅读各类书籍。

读书、玩脑力游戏

准妈妈要多动脑，应适量地读书学习、获取知识。也可以有意识地做一些思维游戏，或者和准爸爸下棋等，让大脑保持活力。这样，胎儿也能从勤于动脑的准妈妈身上获取积极的信息，从而促进大脑成长发育，形成积极向上的求知精神。

看电影、欣赏油画

怀孕后，准妈妈情绪会变得低落或焦虑，这样的情绪尤其不利于胎儿发育。应让自己放松一下，轻松、幽默、温暖的影片，能够满足准妈妈的观影需求和心理需求，这种电影能够缓解准妈妈孕期焦虑、不安的心情，使情绪得到放松。此外，画面精美、色彩饱满的油画能够给准妈妈带来审美的满足感，增添准妈妈的审美情趣。准妈妈在欣赏时获得的积极信息也能带给胎儿美的享受。

准爸爸胎教：说绕口令（1）

绕口令是语言训练的好教材，认真练习绕口令可以使头脑反应灵活、用气自如、吐字清晰、口齿伶俐，避免口吃，更可作为休闲娱乐的语言游戏。绕口令的特点是将若干双声、叠韵词汇或者发音相同、相近的词语和容易混淆的字有机地集中在一起，组合成简单、有趣的韵语，形成一种读起来很绕口，但又妙趣横生的语言艺术。内容诙谐而活泼，节奏感较强，富有音乐效果。

颠倒歌

咬牛奶，喝面包，
夹着火车上皮包。
东西街，南北走，
出门看见人咬狗。
拿起狗来打砖头，
又怕砖头咬我手。

鹅过河

哥哥弟弟坡前坐，
坡上卧着一只鹅，
坡下流着一条河，
哥哥说：宽宽的河。
弟弟说：白白的鹅。
鹅要过河，河要渡鹅。
不知是鹅过河，还是河渡鹅。

蓝布棉门帘

出前门，往正南，
有个面铺面冲南，
门口挂着蓝布棉门帘。
摘了它的蓝布棉门帘，
面铺面冲南，
给它挂上蓝布棉门帘，
面铺还是面冲南。

白石塔

白石白又滑，
搬来白石搭白塔。
白石塔，白石塔，
白石搭石塔，
白塔白石搭。
搭好白石塔，
白塔白又滑。

音乐胎教：欣赏名曲《杜鹃圆舞曲》

约翰·埃曼努埃尔·约纳森，瑞典作曲家，在他为数不多的音乐作品中，《杜鹃圆舞曲》堪称世界音乐会小品中的精品，因而成为他的代表作。约纳森曾在斯德哥尔摩“金杜鹃电影院”专为无声影片的放映做配乐，据说本曲就是约纳森为影片即兴配音而作。《杜鹃圆舞曲》原为钢琴曲，后人也常以管弦乐或其他器乐形式演奏。杜鹃就是我们熟悉的布谷鸟，其可爱的形象、动听的曲调会令准妈妈得到放松。

《杜鹃圆舞曲》在曲调和节奏上具有挪威民间舞曲的风格。乐曲采用三拍子圆舞曲体裁。简短的引子后立即出现模仿杜鹃叫声的音调，以轻快、活泼的节奏和清新、欢畅的旋律，描绘出一幅春光明媚、鸟语花香的美好图景。随后出现的第二个主题旋律，连贯而流畅，具有明显的歌唱性，展示了一个欢乐的舞蹈场面。然后，再现杜鹃主题，在愉快的气氛中结束全曲。

准妈妈可以在脑海中想象这样的情景：杜鹃一会儿飞到这个枝头停歇，一会儿又飞到另一个枝头高唱。想象中美丽的画面将带给准妈妈和胎儿美好的体验。

语言胎教：赏读三首描写山野风光的古诗词

和宝宝见面的日子越来越近，对于分娩的恐惧和担心，对于未来的迷茫和期盼，会使准妈妈的心情越发变得焦虑。那么，就来读几首古诗词吧。这几首古诗词描绘了古朴自然的田园风光，在赏读的过程中，能够缓解准妈妈焦虑的心情。

四时田园杂兴·其二十五

［宋］范成大

梅子金黄杏子肥，
麦花雪白菜花稀。
日长篱落无人过，
惟有蜻蜓蛱蝶飞。

释义：

梅子变得金黄，杏子也越长越大了，麦花一片雪白，油菜花倒显得稀稀落落。白天变长了，篱笆的影子越来越短，没有人从这里经过，只有蜻蜓和蝴蝶绕着篱笆飞来飞去。

天净沙·秋

［元］白　朴

孤村落日残霞，
轻烟老树寒鸦，
一点飞鸿影下。
青山绿水，
白草红叶黄花。

释义：

太阳渐渐西沉，几片残留的晚霞映照着孤寂安静的村庄。几缕淡淡的炊烟飘起，几只乌鸦栖息在老树上。忽然，一只大雁飞掠而下，划过天际。环顾四周，山清水秀，霜白的小草、火红的枫叶、金黄的花朵，在风中一齐摇曳着，很是美丽。

如梦令·常记溪亭日暮

［宋］李清照

常记溪亭日暮，沉醉不知归路。
兴尽晚回舟，误入藕花深处。
争渡，争渡，惊起一滩鸥鹭。

释义：

时常记起有一次在溪边亭中游玩，饮酒直到天色已晚，沉醉中忘记了回家的路。酒宴尽兴之后，才乘舟返回，却不小心划进了荷花深处。奋力地划呀，划呀，惊起了水滩的一群水鸟。

第8周

以每天1毫米的速度快速发育

进入第8周后，胚胎已经初具人形，但是小尾巴还没有完全消失，大小和外形看起来像一颗葡萄，有时会像跳动的豆子一样运动……

器官特征开始变得明显

此时，胎儿的器官已经开始有明显的特征，如果用超声波检查，能清楚地听到心脏跳动的声音。各种复杂的器官都开始发育，负责平衡和听力的内耳正在形成，大部分内脏器官的发育已经初具规模。

面部特征也已比较明显

胎儿的眼睑发育完全，两眼位于头部两侧，而不是正前方，因此两眼间的距离还很大。能辨认出鼻尖，两个鼻孔已经形成。两侧颌骨联合起来形成了口腔，已经有了舌头，牙胚和腭也开始发育。

准妈妈遭遇腹部疼痛

准妈妈怀孕前像鸡蛋大小的子宫，现在变得有拳头那么大了。这时虽然从外表上还看不出怀孕的迹象，但从这一时期开始，准妈妈的身体慢慢发生变化，如有时会感觉下腹有些肿胀。有些准妈妈甚至会遭遇腹部疼痛和少量出血。

进入妊娠第8周后，妊娠呕吐现象更加严重。闻到异常的气味就会呕吐，有时还会在进食后立即吐出。准妈妈应尽量避开自己敏感的气味和食物，以免失去食欲。对于想吃的食品可以经常食用，但要特别注意营养问题。

由于向胎儿供应营养和氧气的需要，这一时期准妈妈的新陈代谢非常旺盛，因此比平时出汗更多，导致皮肤干燥，从而产生了皮肤异样或各种粉刺。同时，脸上还容易发生色素变化，出现黑斑、雀斑等。

准妈妈要预防孕早期流产

这一时期最容易发生先兆流产或自然流产，准妈妈应避免用力的动作和剧烈运动，更不宜外出旅行，同时要禁止性生活。伴随孕周的增加，准妈妈的体能消耗逐渐加大，会比以前更容易出现饥饿感。

对话胎儿：早上好，宝贝

早上好，宝贝

每天早晨醒来时，第一件事就是想到你。

我亲爱的宝宝，昨天晚上，你睡得好吗？你是不是又长大了一点儿？

想到你小小的身体正在妈妈的体内生长着，感受着妈妈的心跳，妈妈感觉好甜蜜！

我的宝宝，你真了不起！

妈妈因为你也变得坚强。虽然有时候会稍有不适，但是一想到身体里正孕育着一个新的生命，妈妈就不觉得那么难受了。

妈妈会坚持下去，我们一起加油！

亲爱的宝宝，从知道我的生命中有了你开始，母亲的本能在我体内被急剧放大。

我时刻意识到，我不再是一个人，我喜欢说“我们”。

我们一起吃饭！

我们一起睡觉！

我们一起散步！

每天早上，我会对你说：

“早上好，亲爱的宝宝！”

“宝宝，我们起床啦！”

“宝宝，我们上班去喽！”

“因为有你，今天，又是美好的一天啊！”

语言胎教：朗诵诗歌《家》

这是印度著名诗人泰戈尔的诗集《新月集》中的一首小诗，诗人以纯粹的儿童眼光，展现出孩子对初探世界的期待，为我们串起了一个浪漫、理想的诗之世界。准妈妈大声朗读出来，胎宝宝会一同“高唱”的。

家

我独自漫步在田野间的小路上，
落日余晖像吝啬的财主，正收藏起它最后一点金黄。
日光渐渐地沉入深深的黑暗之中，
那收割后的田地孤寂沉默地躺着。
突然，一个男孩的尖叫声划破了天际，
他在看不见的黑暗中穿行，歌声回荡在静谧的夜晚中。
他的家就在荒地的尽头，在甘蔗田后面，
隐藏在香蕉树、细长槟榔树、椰子树以及深绿色榴梿树的阴影里。
星光下，我在孤寂的途中停留了片刻，
看着在我面前展开的黑压压的大地，
正用双臂拥抱着无数的家，
那里有摇篮和床铺，有母亲的心和夜晚的灯，
还有那年轻的生命，他们满心欢乐，却浑然不知这样的欢乐对于世界的价值。

音乐胎教：欣赏名曲《春之声圆舞曲》

《春之声圆舞曲》是奥地利著名音乐家小约翰·施特劳斯的不朽名作。它通过生动流畅的旋律和自由灵活的节奏，生动地描绘了大地回春、冰雪消融、万物复苏的景象。

春天意味着生命的开始，春天的美景能唤起准妈妈对大自然的无比热爱之情。怀孕之初，身体容易疲惫，在欣喜的同时也会有很多不良情绪。这个时候，就打开音响，来聆听这首乐曲吧。音乐的魅力会带给准妈妈无穷的活力。

欣赏这首乐曲时，准妈妈可以通过美妙的旋律想象到美丽的维也纳森林景象：春天的早晨，在美丽的多瑙河畔，晨曦透过大树茂密的叶子洒在挂满露珠的草地上，小鸟在林间婉转啼鸣，牧童的牧歌和角笛……构成了一幅极美妙且色彩斑斓的“音画”，十分优美动人。

本曲的歌词通过文字向我们传递着春天的勃勃生机，一切都是美丽、幸福的开始，正如胎儿对准妈妈的意义。准妈妈可以将这份感动详细地描述给胎宝宝。

《春之声圆舞曲》歌词（部分）

春之声在天空中荡漾，
小鸟甜蜜地歌唱，
小丘和山谷闪耀着光彩，
谷音在回响。
啊，春天穿着魅力的衣裳，
同我们在一起。
我们沐浴着明媚的阳光，
忘掉了恐惧和悲伤。
在这晴朗的日子里，
我们奔跑，欢笑，游玩。

小约翰·施特劳斯和他的音乐

小约翰·施特劳斯是奥地利著名的作曲家、指挥家，他被誉为“圆舞曲之王”。为了使乐曲具有浓重的乡土气息，小约翰·施特劳斯在管弦乐队里破例加上了奥地利的民间乐器——齐特尔琴，为音乐增添了浓厚的奥地利民族色彩。用这种乐器弹奏出这首乐曲中最主要的一段旋律，声音轻柔而华美，仿佛晨曦透过浓雾照进维也纳森林，还伴着鸟儿们婉转的鸣叫，一切宛如人间天堂。

睡前故事：童话《三只小猪盖房子》

猪妈妈有三个孩子，一个叫小黑猪，一个叫小白猪，还有一个叫小花猪。

有一天，猪妈妈对小猪们说："现在，你们已经长大了，应该学一些本领。你们各自去盖一间房子吧!"三只小猪高兴地接受了任务，一起出门了。

小猪们走着走着，看见前面有一堆稻草。小黑猪忙说："我就用这稻草盖间草房吧。"

小白猪和小花猪继续向前走去。走着走着，看见前面有一堆木头。小白猪连忙说："我就用这木头盖间木房吧。"

小花猪继续向前走去。走着走着，看见前面有一堆砖头。小花猪高兴地说："我就用这砖头盖间砖房吧。"于是，小花猪一块砖一块砖地盖起来。不一会儿，汗出来了，胳膊也酸了，小花猪还不肯歇一下。砖房终于盖好啦，小花猪好开心啊！

山后的大灰狼听说来了三只小猪，心想：三只小猪来得好，正好让我吃个饱！

大灰狼来到草房前，叫小黑猪开门。小黑猪不肯开，大灰狼用力撞一下，草房就倒了。小黑猪急忙逃向木房，木房里的小白猪听见呼救，连忙打开门，让小黑猪进来，又把门紧紧地关上。

大灰狼来到木房前，叫小白猪开门。小白猪不肯开。大灰狼用力撞一下，小木房摇一摇，大灰狼又用力撞了一下，木房就倒了。小黑猪、小白猪急忙逃向砖房，砖房里的小花猪听到了，连忙打开门，让小黑猪和小白猪进来，又把门紧紧地关上。

大灰狼来到砖房前，叫小花猪开门。小花猪不肯开。大灰狼用力撞一下，砖房一动也不动，灰狼又用力撞了一下，砖房还是一动也不动。大灰狼用尽全身力气，对砖房重重地撞了一下，砖房还是一动也不动。大灰狼头上撞出了三个大包，四脚朝天地跌倒在地上。

大灰狼看到房顶上有一个大烟囱，就爬上房顶，想从烟囱里钻进去。三只小猪忙在炉膛里添了许多柴，把炉火烧得旺旺的。大灰狼从烟囱里钻进去，跌进了大炉膛，被炉火烧着了。大灰狼疼得嗷嗷叫，连滚带爬地逃走了。从此，它再也不敢来了。

这个故事构思简洁，主题鲜明，告诉我们不能追求华而不实的东西，要为长远打算，否则就会有不好的后果。把故事讲给胎宝宝听，告诉他做人要勤劳肯干、聪明机智、乐于助人。

孕3月

大脑发育期，准妈妈要多动脑

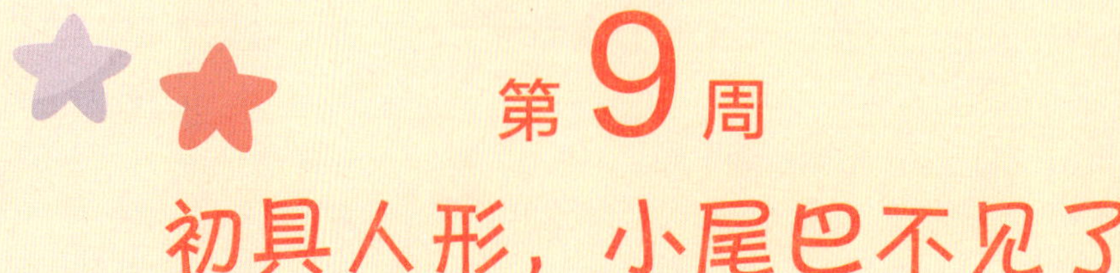

第9周 初具人形，小尾巴不见了

胎儿在胚胎期的小尾巴已经消失了，整体变化很大。现在可以把胚胎真正称为“胎儿”了。目前是一个临界点，从这一周开始，胚胎期结束，现在仍是整个怀孕过程的关键时期，胎儿现在开始发育形成器官系统。

四肢变得清晰

胎儿的四肢渐渐变得清晰，可以看见小肩膀了，手臂更长了，臂弯处肘部已经形成，手指和脚趾基本发育完毕，手腕处有弯曲，两脚开始摆脱蹼状的外表，可以看到脚踝。

五官俱全的小宝宝

胎儿五官俱全，头大而圆，占身长的1/2，腹腔里的内脏器官因生长得太快而突出其外，甲状腺、肝脏、胰腺等均已形成。

准妈妈身体诸多变化来临

随着子宫逐渐增大，准妈妈会感觉到整个身体都在发生变化。比如，下腹部和肋下疼痛，双腿麻木同时又紧绷得发疼，腰部也会酸痛。这些都是比较正常的现象，但如果疼痛的同时还伴有出血，就必须去医院接受检查。疼痛使准妈妈的神经变得更加敏感，因此保持平和的心态非常重要。在这一时期，由于妊娠激素，即人绒毛膜促性腺激素分泌旺盛，平时在月经前皮肤容易干燥的女性，怀孕后仍会出现相同的状况。不过，有的准妈妈怀孕以后皮肤会变得细嫩。妊娠激素的影响因人而异，皮肤干燥状况严重时，需要认真护理。

把情绪和感受说出来

应正确认识到忧郁是每个孕产妇都会有的情绪，最好及时向丈夫、家人倾诉。准妈妈要把自己的感受明确地告诉他们。产生情绪波动时，也可以通过适当运动来主动转移注意力，不要长期沉浸在不良情绪中。保证每天有足够的时间和丈夫在一起，并保持亲密的交流，让准妈妈感到有坚强的后盾，可以放心依靠。

营养胎教：蛋白质、维生素，保证胎儿脑发育

人们对脑组织进行分析发现，对大脑发育产生影响最大的营养素有9种：蛋白质、脂肪、维生素C、糖、钙、B族维生素、维生素A、维生素E和碘。其中，蛋白质和维生素所占比例较大。

蛋白质是大脑发育的重要物质，蛋白质占脑干总重量的30%～35%，是人脑复杂智力活动中不可或缺的基本物质。如果在胎儿期蛋白质供应严重不足，会引起胎儿大脑发育障碍，因此，应多通过饮食进行必要的补充。准妈妈在孕期可经常吃一些富含蛋白质的食物，如猪肝、瘦肉、鸡肉、鱼肉、蛋类以及豆制品等，这对胎儿大脑发育会很有帮助。此外，牛奶、酸奶中也富含人体必需的完全蛋白质。

充足的维生素C会明显促进胎儿大脑的发育，使大脑灵活敏锐，对宝宝以后提高智商和记忆力都会很有益。维生素C在新鲜水果、蔬菜、豆类中含量较多，尤其是番茄、柑橘、草莓、葡萄等，准妈妈在两餐间可以吃一些水果。

B族维生素辅助蛋白质代谢。B族维生素包括维生素B_1、维生素B_2、维生素B_6、烟酸、维生素B_{12}等，它们通过帮助蛋白质代谢而促进脑活动。因此，准妈妈在补充蛋白质的同时，也要注意B族维生素的摄取，可以多吃一些糙米、豆类、牛奶、动物肝脏、鸡蛋、瘦肉等进行补充。

维生素A是促进胎儿脑发育的重要物质，缺少维生素A可能会使胎儿智力低下，因此为了胎儿大脑更好地发育，准妈妈在孕期应适当补充维生素A。但不可过量，一般一天1毫克就可以满足需求。我们不提倡补充维生素A制剂，适当吃胡萝卜、甘薯及玉米等，每天进食合理的乳制品和蛋类就可以较好地维持体内维生素A的水平了。

维生素E可使胎儿大脑养分供给更充足。维生素E的主要作用是促进毛细血管的增加，改善血液循环，为大脑神经细胞的活动提供足够的营养物质。因此，充足的维生素E能使宝宝日后更加聪明。准妈妈可以多吃一些坚果（如松子、核桃等）、蛋黄、植物油等进行补充。

语言胎教：赏读古诗词《敕勒歌》

敕勒歌

北朝民歌

敕勒川，阴山下，
天似穹庐，笼盖四野。
天苍苍，野茫茫，
风吹草低见牛羊。

释义：

辽阔的敕勒大平原，就在阴山脚下。敕勒川的天空啊，看起来好像牧民们居住的毡帐一般，它的四面与大地相连。天空一望无际，原野茫茫不尽。一阵风吹过，牧草低伏，露出成群的牛羊。

赏析：

这是南北朝时期黄河以北的北朝流传的一首民歌，质朴清新，明朗豪爽，境界开阔。艺术概括力极强，用简单明了的语言勾勒出了北国草原壮丽富饶的风光，酣畅淋漓地抒写了游牧民族豪迈大气的情怀。

准妈妈动动脑：智力游戏（1）

有趣的帽子问题

有40个学生，他们戴的帽子是红色的或黄色的，戴的手套是蓝色的或黑色的。如果有12人戴的是红帽子、黑手套，25人戴的是黄帽子，16人戴的是蓝手套，那么戴黄帽子、蓝手套的有多少人?

（答案：根据条件可知，戴红帽子的有15人，那么戴红帽子、蓝手套的有3人，所以戴黄帽子、蓝手套的就有13人。）

巧妙渡河

一条河的东岸有6个人等着摆渡，其中4个是大人，2个是小孩。河中只有一条空的小摆渡船。小船最多只能载1个大人或者2个小孩。这6个摆渡客，如何只凭借自身努力，用这只小船全部摆渡到西岸?（假设小孩和大人一样具有划船能力）。

（答案：首先，由2个小孩划船到西岸。其次，其中1个小孩留在西岸，另1个小孩把船划回东岸。再次，由1个大人把船划到西岸，然后留在西岸，再由留在西岸的那个小孩把船划回东岸。最后，再由2个小孩把船划到西岸，重复以上的过程，直至所有的人都摆渡到西岸。）

三人分油

一天，一位农夫准备了21个同样的油壶去油坊装油。他把其中的7个壶装满了，还有7个壶装了1/2壶油，最后还剩下7个空壶。他把油和壶平分给三个儿子，每人分得的油要一样多，壶也要一样多。农夫没有倒来倒去，就分出来了。他是怎么分的呢?

（答案：3个儿子中，一人分得2整壶油、3半壶油、2空壶，一人分得3整壶油、1半壶油、3空壶，一人分得2整壶油、3半壶油、2空壶，这样每个儿子都可分得3壶半油、7个壶。）

睡前故事：童话《小猴摘桃》

在一座高山上，有一片树林，树林里住着一群小猴子。它们中间有一只小猴子，聪明又活泼，就是老爱丢东西。

一天，小猴子对同伴们说："等着，我下山给你们弄点儿好吃的来！""好啊！太好啦！"同伴们非常高兴。小猴子下山了。

它走呀走呀，看见一片结满桃子的桃树林，桃树上结满了又大又红的桃子。小猴子高兴极了，心想：太好了！这么大的桃子，摘几个回去！小猴子爬到桃树上，摘了几个又大又红的桃子，心里快活极了。

小猴子抱着桃子往前走，走进一个菜园子。菜园里种着大白菜、大萝卜。咦，园子边上还种着玉米呢。大玉米穿着白袍子，长着红胡子，这个真不错。小猴子扔下桃子，踮着脚，掰下几个大玉米。小猴子捧着大玉米往前走，高兴地说："哈哈！这下可以让同伴们尝点儿新鲜的了。"

小猴子高兴得一蹦一跳地往前走，它又来到了一块西瓜地。扑通，小猴子被绊了一下，摔了一个大马趴，大玉米也摔掉了。小猴子回头一看，原来是一个大西瓜绊了它的腿。大西瓜滚圆滚圆的，正朝小猴子笑呢。哈！大西瓜一定很甜。小猴子想：摘个大西瓜抱回去给伙伴们多好。小猴子摘下了大西瓜，兴冲冲地扛着往前走。

突然，一只野兔从小猴子身边跑了过去。小猴子一下蹦起来，大声喊着："我要是抓只野兔回去就更好了。"它丢下西瓜，向野兔追去。可野兔跑得飞快，一会儿就没影了。小猴子在草丛里找，在树林里找，找了半天，也没找到野兔。

这时候，小猴子发现天快黑了，它皱皱眉头说："哎呀，我得赶快回到山上去了！"小猴子赶紧往山上跑去。唉，折腾了大半天，小猴子两手空空，什么也没得到。

第10周 面部清晰，大脑迅速发育

胎儿现在的身长和体重已经能在一定程度上预示他的成长情况了，因为他的结构比例基本上已经成形了，来看一看这一周胎儿的变化吧。

胎儿面部已经清晰

此时胎儿面部基本发育完全，眼睛、鼻子、嘴等都已各就各位。现在他的眼皮还粘在一起，第24周后才能睁开。20个微小的牙蕾已经开始形成。从形态和大小来说，胎儿像一个扁豆荚。

大脑正在迅速发育

从本周起，胎儿的脑细胞会进入迅速增殖的阶段。主要是脑细胞体积增大和神经纤维增长，脑重量会因此不断增加。现在，胎儿的神经系统也开始有反应了。

四肢越来越清晰

现在，胎儿的关节已经形成，手臂更长且肘部变得更加弯曲。手指和脚趾已开始分开，并清晰可见。手腕已经成形，脚踝发育完成，指甲正在生长。

准妈妈嗅觉变得异常敏感

准妈妈的食欲会有所改变，嗅觉变得异常敏感，会对一些食物或气味感到恶心。胸部的变化也比较明显，孕期激素的分泌和血流量的增大，会使乳房变大、乳头变黑。

准妈妈因为早孕反应可能会影响到情绪，准妈妈可以选择倾诉、转移注意力等方法来调节自己的不良情绪。准妈妈应该正确认识孕期坏情绪，并积极对情绪进行调控，这才是明智的做法，而且对胎儿、对自己、对家人都是大有好处的。准妈妈可以尝试抛开所有的烦恼，全心投入孕育宝宝的快乐中去。那些所谓的烦恼，不过是一些微不足道的事，不值得浪费自己的精力，更不值得影响自己的心情。

对话胎儿：让胎儿熟悉爸爸的声音

胎儿在子宫内最适宜听中低音，而男性的说话声音正是以中低音调为主。因此，准爸爸坚持每天对子宫内的胎儿说话，让胎儿熟悉爸爸的声音，能够唤起胎儿最积极的反应，有益于宝宝出生后的智力发育及情绪稳定。

胎教中的开场白和结束语

准爸爸在开始和结束与胎儿的对话时，都应该常规性地用抚慰及能够促使胎儿形成自我意识的语言对他说话，具体实施如下：

开场白可以是："宝贝（或者叫乳名），我是你的爸爸，我会天天跟你说话，我会告诉你外界一切美好的事情。"

结束语要对胎儿给予鼓励："宝贝，你是个聪明的孩子。爸爸爱你，再见！"

与胎儿对话的方法

准爸爸可以让准妈妈坐在宽大舒适的椅子上，然后由准妈妈对胎儿说："宝贝，爸爸就在妈妈旁边，你想听他对你说什么吗？"这时，准爸爸应该坐在距离准妈妈50厘米左右的位置上，用平静的语调开始说话，随着说话内容的展开再逐渐提高音调，不能一下子发出高音，以免惊吓到胎儿。

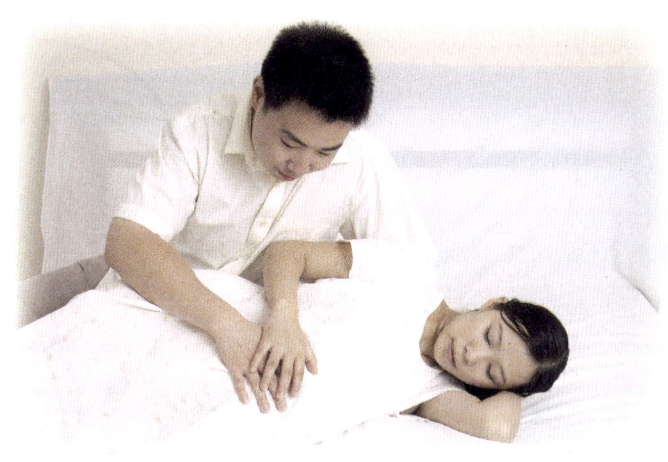

音乐胎教：唱儿歌《我是一个粉刷匠》

我是一个粉刷匠

我是一个粉刷匠，粉刷本领强。
我要把那新房子刷得很漂亮。
刷了房顶又刷墙，刷子飞舞忙。
哎呀我的小鼻子，变呀变了样。

这是一首波兰儿歌，曲子风趣、活泼，歌曲只用了五个音，由四个规整的乐句构成。通过简单的旋律刻画出小小粉刷匠的形象和性格，生动形象地表现了小粉刷匠劳动时的喜悦心情，传播了乐观向上的精神。

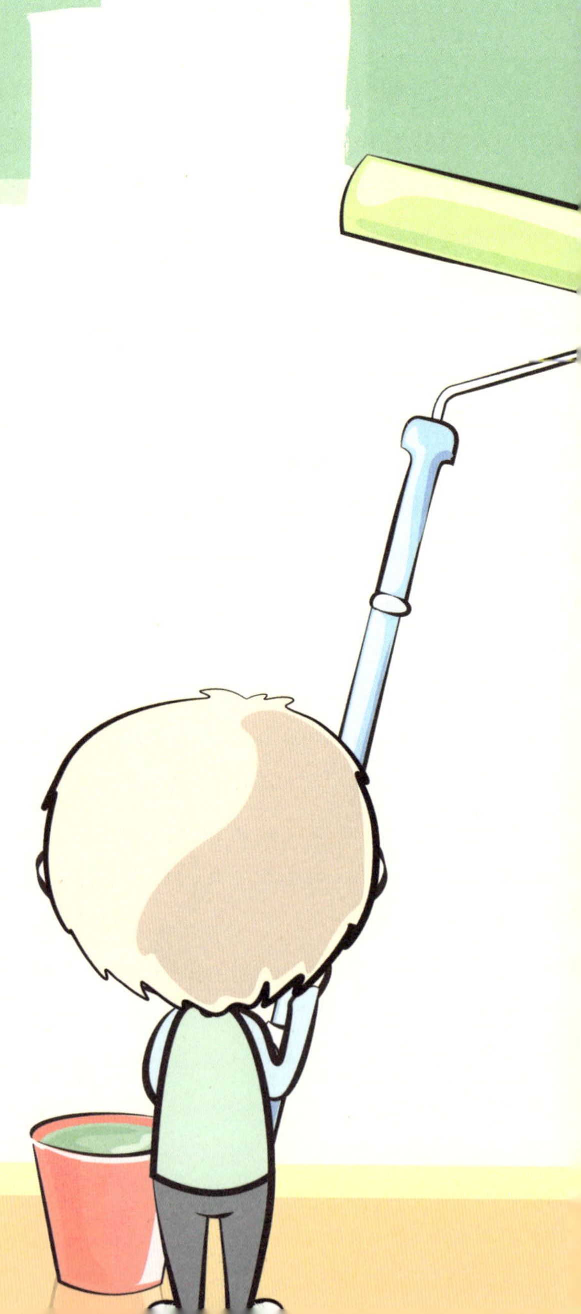

语言胎教：朗诵诗歌《金色花》

《金色花》是印度诗人泰戈尔的作品。刻画出一个天真可爱而又稍带顽皮的孩子形象，含蓄而巧妙地表达了孩子热爱妈妈的深厚感情。

金色花

假如我变成了一朵金色花，
为了好玩，长在树的高枝上，
笑嘻嘻地在空中摇摆，又在新叶上跳舞，
妈妈，你会认识我吗？
你要是叫道："孩子，你在哪里呀？"
我暗暗地在那里匿笑，却一声儿不响。
我要悄悄地开放花瓣儿，看着你工作。
当你沐浴后，湿发披在两肩，
穿过金色花的林荫，走到做祷告的小庭院时，
你会嗅到这花香，却不知道这香气是从我身上来的。
当你吃过午饭，坐在窗前读《罗摩衍那》，
那棵树的阴影落在你的头发与膝上时，
我便要将我小小的影子投在你的书页上，
正投在你所读的地方。
但是你会猜得出这就是你孩子的小小影子吗？
当你黄昏时拿了灯到牛棚里去，
我便要突然地再落到地上来，
又成了你的孩子，求你讲故事给我听。
"你到哪里去了，你这坏孩子？"
"我不告诉你，妈妈。"
这就是你同我那时所要说的话了。

准爸爸胎教：念儿歌（1）

准爸爸来给胎宝宝念几首关于声响的儿歌吧。念的时候，语调要轻松、活泼，可以模仿小动物的叫声和事物的响声，并把快乐、健康的情绪传递给胎儿。准爸爸的语速要和缓，音调要稳定，不要忽高忽低。在准爸爸的儿歌声中，一家人其乐融融，胎儿也能感受到和谐的家庭氛围，对胎儿的性格发育非常有益。

动物叫

小猫怎么叫，喵喵喵；
小狗怎么叫，汪汪汪；
小鸡怎么叫，叽叽叽；
小鸭怎么叫，嘎嘎嘎；
小羊怎么叫，咩咩咩；
老牛怎么叫，哞哞哞；
老虎怎么叫，嗷嗷嗷；
青蛙怎么叫，呱呱呱。

声音响

下雨了，哗哗哗；
打雷了，轰隆隆；
刮风了，呼呼呼；
小河流，哗啦啦；
汽车响，嘀嘀嘀；
蜜蜂飞，嗡嗡嗡；
宝宝笑，哈哈哈；
拍拍手，啪啪啪。

音乐胎教：听唱儿童歌曲《布谷》

真正的快乐来自爱和阳光，和谐快乐的家庭氛围是胎宝宝良好的文化摇篮。处于爱和温暖的气氛中，爸爸妈妈的心中一定会充满幸福感，并通过各种方式传递给胎宝宝。

布　谷

布谷，布谷，在森林里叫。
让我们唱吧，跳吧，跳吧。
春天，春天，快要来到。

布谷，布谷，不停地叫。
来到田野、草地和树林。
春天，春天，你快来吧。

布谷，布谷，可爱的英雄，
你的歌声多么美妙。
冬天过去，春天来到。

布谷鸟，初春的使者，它们用轻柔的、甜美的鸣叫带给人们充满神奇幻想的绿色世界，透过这似乎已穿越无数时空的声音，我们感受到了春的气息，嗅到了春的芳香。布谷鸟，这群美妙的精灵，仿佛是春天的诗人，它们用歌声去浇灌生命，用灵魂去抒写生命的序曲。自然优美是它们的主旋律，快乐希望是它们对生命的感悟。听到了它们的歌声，准妈妈是否感受到小天使生命的脉搏快乐起来了呢？准爸爸和准妈妈也可以活泼、轻快地唱一唱这首歌。“布谷，布谷”中“布”要唱得长一些、重一些，“谷”要唱得短一些、轻快一些，后面的要唱得连贯、优美。

孕育生命的旅程开始了，夫妻的第二次蜜月也开始了。和第一次蜜月不同，夫妻之间除了爱情以外还增加了亲情，而且还要有一个共同的目的——孕育生命。准爸爸和准妈妈共同经历一切体验，感情也会因此更加牢固。音乐可以增加生活情趣，旋律可以带来快乐和沟通，整个家庭生活充满春天的色彩。

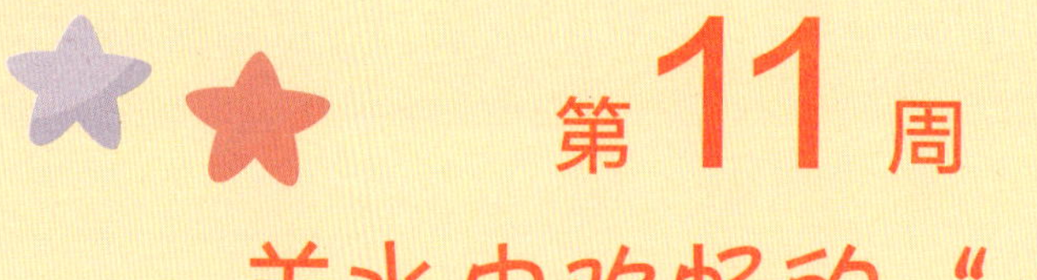

第11周 羊水中欢畅的“小鱼”

胎儿生长的速度真的很快，虽然才过去几天，但是他已经学会将自己的小手放到嘴里吸吮，并且还会打哈欠了。

做一条羊水中欢畅的“小鱼”

随着羊水量越来越充足，胎儿现在在羊水中就如同一条优雅的小鱼，和着羊水震荡的节奏，他会轻轻地伸伸胳膊、摇摇腿，或者旋转一下身体，就像一条欢畅的小鱼。当他高兴的时候，会频繁地活动身体，还会有两脚交替向前走的动作，这就是宝宝原始的行走。

不盈一握的胎儿

这一周，胎儿身长约6厘米，体重约19克。胎儿头部还是占据着身体一半的大小。现在可以清晰地看到胎儿脊柱的轮廓，脊神经开始生长发育。还没有睁开的小眼睛里，虹膜开始发育。

成长速度越发惊人

这一周，胎儿的成长速度越来越快，很多细微之处，如手指甲和绒毛状的头发开始出现，胳膊发育加快，肢体加长，骨骼变硬。

准妈妈血液量增多

在这一时期，准妈妈的基础代谢量迅速增加，比受孕前增长25%左右。因为热量消耗迅速，准妈妈应当摄取足够的蛋白质和热量。虽然每个人的情况有所不同，但在妊娠期间，准妈妈的血液量通常会增加50%以上。因为子宫不断增大，所以血液需求量就随之增加。增多的血液对准妈妈和胎儿起到保护作用，用以应对紧急出血的状况。血液量从孕早期就开始增加，到妊娠中期时达到最高值。血液量增多后，准妈妈的排汗量也会随之增加，因此应注意补充水分。

语言胎教：朗诵诗歌《你是人间的四月天》

你是人间的四月天

——一句爱的赞颂

我说你是人间的四月天；
笑响点亮了四面风；
轻灵在春的光艳中交舞着变。

你是四月早天里的云烟，
黄昏吹着风的软，
星子在无意中闪，
细雨点洒在花前。

那轻，那娉婷，你是，
鲜妍百花的冠冕你戴着，
你是天真，庄严，
你是夜夜的月圆。

雪化后那片鹅黄，你像；
新鲜初放芽的绿，你是；
柔嫩喜悦，
水光浮动着你梦期待中白莲。

你是一树一树的花开，
是燕在梁间呢喃，
——你是爱，是暖，是希望，
你是人间的四月天！

作者林徽因，我国著名建筑师、诗人、作家。这首诗音律和谐，具有丰富的想象感和意境美，语言讲究节与节的匀称、句与句的齐整，无论是表达意蕴还是文章结构都别具一格。关于这首诗的创作背景，有一种说法是林徽因写给自己孩子的出生贺词，孩子的降临让整个家庭如沐春风，如体验到了人间四月天的感觉，明媚、温暖、充满希望。

准爸爸和准妈妈们可以伴着轻柔的音乐，一起朗读这首优美的诗歌，把这份美好送给腹中可爱的胎宝宝，让他感受到你们对他的期待和爱！

给胎宝宝起名字，充满爱意的呼唤

准爸爸和准妈妈经常充满爱意地呼唤胎儿的乳名，胎儿会记忆深刻。宝宝出生后，当父母呼唤其乳名时，他听到曾经熟悉的名字会产生一种归属感和特殊的安全感，烦躁、哭闹等情况会明显改善，有时会露出高兴的表情。因此，给胎儿起名字很重要，下面就给正在为给胎儿取名字而烦恼的准爸妈们提供一些建议。

起名不选多音字

名字中的多音字让人读起来无所适从，更会让孩子有被人取绰号的可能，所以家长在起名时最好避免。

名字中避用生僻字

由于名字中的生僻字可能无法使用计算机录入，因此在进行户口登记、办理证件及银行业务等时，会屡屡遇到麻烦。不仅如此，名字中滥用生僻字、不规范字，也会影响交际，容易被别人叫错名字或者被忘记而造成尴尬。

起个双名不易重

根据国家语言委员会的资料显示，单名重名率为67.7%，双名重名率为32.4%，所以父母最好不要给孩子起单名。

名字不要同声调

名字中几个字的音调不要相同，最好升降有别，这样叫起来才响亮。汉语拼音分为四个声调，俗话说“一声平，二声扬，三声拐弯，四声降”，名字的最后一个字最好不要用三声，因为三声字响亮程度相对差一些。

声韵选择要讲究

起名时，最好选用不同的声母，韵母也最好不要相同。要想名字响亮动听，名字带鼻音的韵母读起来比较响亮；在非鼻音韵母字中，主要元音开口度大的，响亮程度较高。

字形结构有变化

名字选用的字结构不要太单一。像“林杨桦”“国园园”“吕昌晏”这些名字写起来略显单调，缺乏变化的美感，还可能影响人们对签名的识别。

避免谐音不美

起名时如果谐音运用得巧妙，会使人感到含蓄，不落俗套。但是，像“胡莉晶”（狐狸精）、“范婉”（饭碗）、“侯岩”（喉炎）之类谐音不美或者容易造成歧义的名字，起名时应该注意避免。

起名字，可以从古诗词中得到灵感

紫薇

紫薇7月开放，9月凋谢，有红、白、蓝、紫等颜色。它的花期长达百天，因此得名“百日红”。宋朝杨万里曾作《紫薇》诗：“似痴如醉弱还佳，露压风欺分外斜。谁道花无百日红，紫薇长放半年花。”“紫薇”二字可称得上是美名，发音非常好听，很多姓都适合与“紫薇”搭配。

倚剑

唐朝李益《过五原胡儿饮马泉》：“绿杨著水草如烟，旧是胡儿饮马泉。几处吹笳明月夜，何人倚剑白云天。从来冻合关山路，今日分流汉使前。莫遣行人照容鬓，恐惊憔悴入新年。”这首诗中的“倚剑”二字可作名字。“剑”是有阳刚之气的名字，男孩适合用“剑”字为名，再用“倚”字做修饰，更显得豪气冲天。

以上举出两例用起名字进行胎教的方法，准妈妈准爸爸可以充分发挥想象力，在给宝贝起一个好听的名字的同时也做了胎教。

睡前故事：童话《咕咚来了》

一只可爱的小白兔，住在美丽的湖边。湖边种了一棵木瓜树。有一天，小白兔正在湖边玩耍，忽然听见咕咚一声，吓得小白兔撒腿就跑。

小狐狸碰上了小白兔，就问："小白兔，你怎么了？"小白兔边跑边回答："咕咚来了，快跑呀！"小狐狸吓得也跟着跑了起来。

很快，森林里逃跑的动物越来越多，有小鹿、松鼠、大象等。它们的声音惊动了正在睡觉的狮子，狮子大吼了一声问："你们怎么了，出了什么事情？"这个时候，大家才你看我，我看你，不明白到底是怎么回事。

后来，小白兔讲道："湖边好像有一个可怕的怪物，我听到它发出咕咚的声音，我吓得撒腿就跑。"狮子就说："大家跟我来，我不相信有谁比我还厉害。"大家纷纷跟着狮子来到小白兔的家旁边，恰巧这时，湖边又传来咕咚的一声。大家一看，原来是木瓜树上成熟的木瓜掉到湖里了。动物们互相看着大笑了起来，真是虚惊一场啊！

音乐胎教：欣赏古筝曲《渔舟唱晚》

古筝曲《渔舟唱晚》，标题取自唐代王勃《滕王阁序》里“渔舟唱晚，响穷彭蠡之滨”中的“渔舟唱晚”四字。乐曲以歌唱性的旋律，形象地描绘了晚霞斑斓、渔歌四起、渔夫满载丰收的喜悦、荡桨归舟的欢乐情景，表现了作者对美好生活和美丽河山的赞美与热爱。

全曲大致可分为3段：第1段，用慢板奏出悠扬如歌的旋律，展示了优美的水边晚景，抒发了作者内心的感受和对景色的赞赏；第2段，音乐速度加快，其旋律是从第1段的音调中发展而来，形象地表现了渔夫荡桨归舟、乘风破浪前进的欢乐情绪；第3段，快板，形象地刻画了荡桨声、摇橹声和浪花飞溅声。随着音乐的发展，速度逐渐加快，力度不断增强，展现出渔舟近岸、渔歌飞扬的热闹情景。在高潮突然切住后，尾声缓缓流出，出人意料又耐人寻味。这首乐曲适合于准妈妈在睡眠不好时听，它乐声悠扬如歌，意境旷达，能促使准妈妈的情绪恢复宁静，同时也带给胎宝宝以安静祥和的氛围。准妈妈在临睡前听此曲，可让自己的思绪沉静到傍晚的水波上，在渔舟的轻摇慢曳中静静入睡……

第12周
小脸变得漂亮了

胎儿的成长速度在本周越发惊人，他的手指和脚趾会完全分开，部分骨骼开始变得坚硬。

胎儿的小脸越来越有形了

胎儿的面部器官已经全部就位，眼睛在额部，看起来更加显眼，两眼之间的距离拉近了，眼睑已发育，眼睛仍紧闭着。耳朵已经由颈部移到头部两侧的正常位置。这个时候，胎儿对吸吮、吞咽羊水的动作更加熟练了，而且还学会了噘嘴、张口、闭口等新动作。胎儿皮肤的感觉在孕后8周出现，到12周左右便与成年人一样发达了。外胚层发育时，有的发育成皮肤，有的发育成大脑，为此有人称皮肤是人的“第二大脑”。这时，准妈妈经常进行一些轻柔的运动、舞蹈，可使羊水轻轻晃动进而刺激胎儿的触觉，同时也能促进大脑的发育。

胎儿能排尿了

这一周，胎儿所有的内脏器官都已形成并开始工作。肝脏开始制造胆汁，肾脏开始制造尿液。这将在很大程度上减少外来药物和感染对他造成的伤害。肾脏制造的尿液开始进入膀胱，进而排泄到羊水里，羊水的成分也将因此而改变。

准妈妈出现黄褐斑

现在，准妈妈的皮肤可能有些变化。一些准妈妈的脸上和脖子上不同程度地出现了黄褐斑。这是孕期的正常现象，产后会逐渐消退。此时，准妈妈要注意防晒，减少黑色素的沉积。准妈妈还要注意补钙，这对胎儿的视力发育有益。

品行端庄，有益于培养胎儿好性格

培养胎儿的品行，同样是胎教中的一个重要内容。那么准妈妈应该如何做，才能培养出好品行的宝宝呢？

近美好，避邪恶

胎儿生长发育需要的营养和氧气，是经准妈妈血液通过胎盘供给的，准妈妈情绪变化会影响激素分泌和血液中的化学成分。积极的情绪会使血液中有益于胎儿健康发育的化学物质增加，而消极的情绪则会使血液中有害于胎儿神经系统和其他组织健康发育的化学物质增加。

因此，准妈妈要多接触美好的事物，使秀气入胎，回避淫邪、凶残、丑陋等不良刺激。这样胎儿才会聪明、漂亮。

端心正坐

准妈妈端心正坐，有助于胎儿养成良好的气质与性格。准妈妈做到以下几点。

加强自己思想品德的修养，培养高尚的情操和美好的心灵。胸襟开阔，乐观豁达，无私心杂念，不患得患失。

专心致志地工作和学习，去赢得事业上的成功和快乐。

生活上知足，待人宽厚，助人为乐，处事无妒忌之心，言行端庄大方，做到“坐无邪席，立无偏倚，行无邪径，目无邪视，耳无邪听，口无邪言”。

怡情养性

宁静是准妈妈最好的胎教，这要求准妈妈遇事冷静，使心静于内，虚谧于中，做到“无悲哀思虑惊动”，不为七情所伤，摒弃孤独、忧伤和烦恼，始终保持稳定、乐观的积极情绪。

日常生活中也要避免强烈的噪声，保持环境安静。

准妈妈切勿过度劳累、逛街或参加长途步行旅游等活动。

为了稳定情绪，减轻妊娠反应，可听一些抒情的音乐。

如此，可使准妈妈气血和顺，胎源调固，有利于胎儿的生长发育。

名画欣赏：《妈妈的谅解》

欣赏名画是提高准妈妈审美能力及个人修养的有效方法，也是实施美育胎教的一个主要途径。今天我们为准妈妈准备了法国学院派画家埃米尔·穆尼尔的作品《妈妈的谅解》。通过这幅画，准妈妈和胎宝宝可以一起感受母亲和孩子之间的浓浓深情。

画面中，可以看到一对母女相互依偎着，注视着。女儿似有些许的歉意，希望得到妈妈的谅解；妈妈却没有责怪女儿的意思，目光中充满对女儿的呵护和疼爱。画作笔法细腻，色彩淡雅、亮丽，可以看出画家深刻的表现力。

埃米尔·穆尼尔，法国学院派古典主义画家。主要从事人物画创作，他笔下的母亲、儿童形象个个温婉可爱，表现了人类崇高的人性与母爱。穆尼尔用色明亮光鲜，人物造型俊美动人，结构关系和明暗处理严谨，有典型的学院派绘画风格。

音乐胎教：欣赏名曲《鸟店》

《鸟店》是一首充满儿童情趣的通俗管弦乐曲，是由德国作曲家莱克创作的。《鸟店》通过一个个跳跃的音符描述了这样一个生动的故事：清晨，在寂静的屋子里，小鸟们快乐地唱着歌。突然闯进来一只猫，小鸟们吓坏了。音乐惟妙惟肖地表现出小鸟们的恐惧。最后，猫终于走了，小鸟们又恢复了快乐。

乐曲让准妈妈和胎儿欣赏到了各种鸟儿惟妙惟肖的鸣叫声。生动的鸟鸣声会引起胎儿的注意。乐曲中出现的鸟儿们的鸣叫声，准妈妈和胎儿可以辨认一下，这有助于提高胎儿对声音的感受力。第1段音乐描写了宁静的清晨，这段音乐里我们能听到什么声音呢？能听到钟声、公鸡的叫声及小鸟的叫声。在第2段音乐里，听听小鸟们都在忙些什么呢？这段音乐中有快速、中速、慢速，快速描写了小鸟们在互相追逐，中速描写了小鸟们在做游戏，慢速描写了小鸟们在休息。鸟儿们在自己的小世界里过着幸福、快乐的生活。第3段和第4段音乐中，描写了一件可怕的事情即将发生。听，猫来了，猫对这些可爱的小鸟早就垂涎三尺了，这时出现了一段紧张的音乐，小鸟们似乎吓坏了。不过，鸟儿们都在笼子里，猫抓不到它们，只好灰溜溜地走了。

睡前故事：童话《小猫钓鱼》

在树林旁边，有一条小河，河里有许多小鱼在游来游去。

一天早晨，猫妈妈带着猫弟弟到河边去钓鱼。

它们刚坐下，一只蜻蜓飞来了。蜻蜓真好玩，飞来飞去像架小飞机。猫弟弟看了真喜欢，放下钓鱼竿，就去捉蜻蜓。蜻蜓飞走了，猫弟弟没捉着，空着手回到河边。一看，猫妈妈钓了一条大鱼。

猫弟弟又坐在河边钓鱼，一只蝴蝶飞来了。蝴蝶真美丽，猫弟弟看了真喜欢，放下钓鱼竿，又去捉蝴蝶。蝴蝶飞走了，猫弟弟又没捉着，空着手回到河边。一看，猫妈妈又钓了一条大鱼。

猫弟弟说："真气人，我怎么连一条小鱼也钓不着？"猫妈妈看了看猫弟弟，说："钓鱼就要一心一意，不要三心二意。你一会儿捉蜻蜓，一会儿捉蝴蝶，怎么能钓着鱼呢？"

猫弟弟听了猫妈妈的话，很难为情，开始一心一意地钓鱼了。蜻蜓又飞来了，蝴蝶也飞来了，猫弟弟就像没看见一样，一动也不动。不一会儿，钓鱼竿上的线往下沉，钓鱼竿也动起来了，猫弟弟使劲把钓鱼竿往上一甩，哎呀，一条大鱼钓上来啦。鱼摔在地上，噼里啪啦地乱蹦乱跳，猫弟弟赶紧捉住这条大鱼，高兴地喊了起来："我钓到大鱼啦，我钓到大鱼啦！"

猫妈妈和猫弟弟带上它们钓到的大鱼，高高兴兴地回家了。

准爸爸胎教：念儿歌（2）

今天，准爸爸来给胎宝宝念几首关于小动物的儿歌吧。念儿歌的同时还可以模仿一下小动物的动作，让胎儿能感受到愉快的氛围。

螳螂

螳螂哥，螳螂哥，
肚儿大，吃得多。
飞飞能把粉蝶捕，
跳跳能把蝗虫捉。
两把大刀舞起来，
一只害虫不放过。

蜻蜓

大蜻蜓，绿眼睛，
一对眼睛亮晶晶，
飞一飞，停一停，
飞来飞去捉蚊蝇。

鸭子

小鸭子，一身黄，
扁扁嘴巴红脚掌。
嘎嘎嘎嘎高声唱，
一摇一摆下池塘。

松鼠

小松鼠，尾巴大。
轻轻跳上又跳下。
我帮你，你帮他。
采到松果送回家。

孕4月

对话与阅读，有益于胎儿大脑发育

第13周

胎盘和脐带发育完成

恭喜顺利进入孕中期！现在的你已经可以看出是一个幸福的准妈妈了。同时你还会觉得胃口大开，食量也会猛增，不要担心，这些都是因为胎儿正在迅速成长。

面部发育更加细致

现在，胎儿看上去更像一个漂亮的娃娃了。他的面部更加清晰，五官明显。双眼之间的距离还在缩小，已向面部中央进一步靠近了，眼睑仍然紧闭，小嘴张合的动作更加纯熟。脖子已经发育得足以支撑头部了。

胎盘和脐带发育完成

在这一周，陪伴胎儿整个孕期的一个重要部分发育完成，这就是胎盘。同时，从胎盘将营养和氧气输送到胎儿体内的通道——脐带也已经稳定地投入工作，它也将负责把胎儿的代谢废物运送出去。在接下来的日子里，胎儿将源源不断地通过胎盘得到自己所需要的营养和氧气，迅速而稳健地继续发育。

胎儿身体迅速成熟

这一周，胎儿的骨骼发育明显，神经元迅速增多，神经突触形成，条件反射能力加强。手指开始能与手掌握紧，脚趾与脚底也可以弯曲，身体迅速长大和成熟起来。

准妈妈告别早孕不适反应

从这一周开始，准妈妈安全进入了孕中期。因为胎儿正在迅速成长，所以准妈妈会觉得胃口大开，食量也会猛增。

在这周，准妈妈可能会发现妊娠纹加深了，或者开始出现了；面部也许还出现了褐色的斑块。不必太担心，这些都是怀孕的正常表现，随着分娩的结束，斑块会逐渐变淡或消失。本周准妈妈的乳房会更加膨胀，乳头和乳晕的色素加深，同时阴道会有乳白色的分泌物流出。

对话胎儿：宝宝，你会像谁呢

确认怀孕以后，准爸爸和准妈妈会不会经常猜想宝宝的长相呢？希望他长得像谁呢？

读一读下面这段文字，看是不是能代表准爸爸和准妈妈的心声吧。

这是曾获得过诺贝尔文学奖的智利女诗人加夫列拉·米斯特拉尔在孕育过程中写下的《母亲的诗》中的一部分。

他会是什么模样

他会是什么模样？
我久久地凝视着玫瑰的花瓣，
满心欢喜地抚摩它们，
我希望他的小脸像花瓣一样娇艳。
我在盘缠交错的黑莓丛中玩耍，
因为我希望他的头发也长得这么乌黑卷曲。
不过，假如他的皮肤像陶工喜欢的黏土那般黑红，
假如他的头发像我的生活那般平直，
我也不在乎，
反正他是我的。
我眺望山谷，
雾气笼罩着那里时，
很像一个女孩的侧影，
一个十分可爱的女孩，
因为我的小东西也可能是女孩。
但最要紧的，
我希望他的眼神跟那个人一样甜美，
声音像那个人对我说话一样，
因为他身上有那个人对我的爱情。

准爸爸胎教：和准妈妈玩拍手游戏

《拍手歌》是一首传统儿童歌曲，各地版本略有不同。准爸爸和准妈妈可以一起玩拍手游戏，歌词也可以即兴创作，在欢乐的氛围中，准妈妈的情绪会得到放松，对胎儿的大脑和神经发育也是一种良好的刺激。

拍手歌

你拍一，我拍一，一个小孩儿坐飞机。
你拍二，我拍二，两个小孩儿梳小辫。
你拍三，我拍三，三个小孩儿吃饼干。
你拍四，我拍四，四个小孩儿写大字。
你拍五，我拍五，五个小孩儿吃红薯。
你拍六，我拍六，六个小孩儿吃肥肉。
你拍七，我拍七，七个小孩儿抱公鸡。
你拍八，我拍八，八个小孩儿吹喇叭。
你拍九，我拍九，九个小孩儿交朋友。
你拍十，我拍十，十个小孩儿站得直。

语言胎教：朗诵诗歌《孩子的世界》

印度诗人泰戈尔是一个对自然美和生活美都极其敏感的人。他以一个诗人的细腻和敏锐将对生活的感受、对生命的感悟以及对万物的爱，谱写成一篇篇优美的诗歌。

孩子的世界

我愿我能在我孩子的世界的中心，
占一角清净地。
我知道繁星会对他私语，
天空也在他面前垂下，
用那傻傻的云朵和彩虹来逗弄他。
那些让人以为不会说话和看起来永远不能动弹的人，
带着他们的故事和满是明亮玩具的托盘，
悄悄爬到他的窗前。
我愿我能在横过孩子心中的道路上游行，
摆脱了一切的束缚；
在那儿，使者奉了无所谓的使命奔走于没有历史的王国君主间；
在那儿，理智以她的法律造为纸鸢而飞放，
真理也使事实从桎梏中自由了。

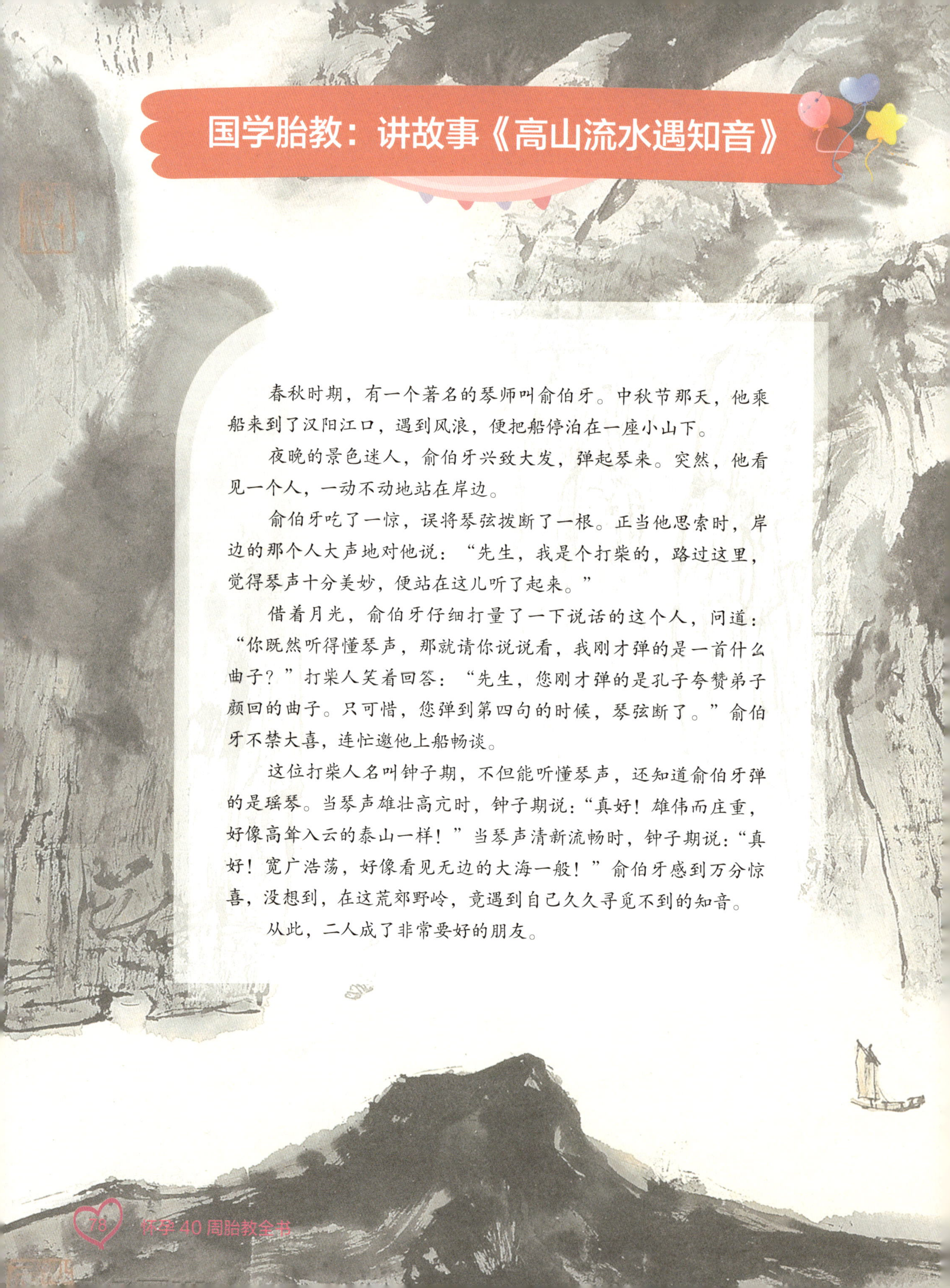

国学胎教：讲故事《高山流水遇知音》

春秋时期，有一个著名的琴师叫俞伯牙。中秋节那天，他乘船来到了汉阳江口，遇到风浪，便把船停泊在一座小山下。

夜晚的景色迷人，俞伯牙兴致大发，弹起琴来。突然，他看见一个人，一动不动地站在岸边。

俞伯牙吃了一惊，误将琴弦拨断了一根。正当他思索时，岸边的那个人大声地对他说："先生，我是个打柴的，路过这里，觉得琴声十分美妙，便站在这儿听了起来。"

借着月光，俞伯牙仔细打量了一下说话的这个人，问道："你既然听得懂琴声，那就请你说说看，我刚才弹的是一首什么曲子？"打柴人笑着回答："先生，您刚才弹的是孔子夸赞弟子颜回的曲子。只可惜，您弹到第四句的时候，琴弦断了。"俞伯牙不禁大喜，连忙邀他上船畅谈。

这位打柴人名叫钟子期，不但能听懂琴声，还知道俞伯牙弹的是瑶琴。当琴声雄壮高亢时，钟子期说："真好！雄伟而庄重，好像高耸入云的泰山一样！"当琴声清新流畅时，钟子期说："真好！宽广浩荡，好像看见无边的大海一般！"俞伯牙感到万分惊喜，没想到，在这荒郊野岭，竟遇到自己久久寻觅不到的知音。

从此，二人成了非常要好的朋友。

中国著名古曲

古琴：《高山流水》《广陵散》《平沙落雁》《梅花三弄》《渔樵问答》《胡笳十八拍》

琵琶：《十面埋伏》《春江花月夜》《汉宫秋月》《阳春白雪》

欣赏古琴曲《高山流水》

古琴曲分为《高山》和《流水》两部，描写宏伟的高山和奔涌的流水。相传为俞伯牙所作。在这里，推荐《流水》一曲供准妈妈欣赏。

精湛的技巧，动听的琴声，丰富的内涵，优美的意境，这就是古琴曲《流水》。乐曲运用了古琴的“泛音、滚、拂、绰、注、上、下”等指法，描绘了流水的各种动态，呈现出山水相映的景象，抒发了志在流水，智者乐水之意。

全曲由静而动，由缓而疾，由婉转到跌宕，由点滴到浩荡，在力度和节奏的澎湃中，大自然的情景与人类的情感达到了高度的交融。

准妈妈这段时间会出现妊娠反应，可以在风和日丽的日子，到有山有水的地方散步，让胎宝宝听一听流水的声音，用手去触碰流水，让胎宝宝感知水流动的韵律。

第14周

开始皱眉做鬼脸

这一周，胎儿就像一个精致的小人儿，尽管他现在还非常小，但他身体的所有基本“要件”都已经形成了。由于大脑神经系统对外来刺激的作用越来越发达，胎儿的动作会越来越精细，面部肌肉也开始得到锻炼，此时的胎儿居然会斜眼、皱眉、做鬼脸了。

独一无二的标志——指纹开始出现

胎儿的胳膊已经比较灵活了，但是腿还要再发育一段时间才能够比例协调。支撑头部的脖颈现在更加清晰、明显了，头重脚轻的状况即将得到改善。令人惊喜的是，胎儿手指上有指纹出现了，这将是他以后独一无二的标志。

胎儿整体发育情况

这一周，胎儿全身长出非常细小的绒毛，几乎覆盖全身皮肤，这就是胎毛。此时，胎儿的肾已经能够熟练地发挥作用。同时胎儿还在子宫里练习呼吸运动，羊水被吸进肺里又被呼出，这对肺部的发育有着至关重要的作用。发育完善的胎盘将准妈妈和胎儿连接得更加紧密，并为胎儿提供各种营养物质。

准妈妈开始显怀

到了这个时候，孕早期的疲劳、恶心以及尿频问题都已经缓解。现在准妈妈的子宫增大，腹部渐渐隆起。此外，一些准妈妈的乳头可以挤出少量乳汁，阴道黏膜增厚，分泌物增多，可能还会出现便秘或腹泻问题。

音乐胎教：欣赏名曲《动物狂欢节·天鹅》

夏尔·卡米尔·圣-桑是法国伟大的作曲家、钢琴及管风琴演奏家。他不仅是一位音乐神童，而且多才多艺，早年曾涉及地质学、植物学及昆虫学，他还是一位数学专家。圣-桑16岁时完成了他的第一交响乐，他的第二交响乐则以降E大调第一交响乐之名面世。《动物狂欢节》是圣-桑的后期代表作，他于1886年完成《动物狂欢节》和《第三交响乐》，并以此献给当年逝世的好友李斯特。

圣-桑的交响曲《动物狂欢节》是一部形象生动、充满幽默谐趣的管弦乐组曲，用音乐塑造了一幅幅栩栩如生的动物肖像画：发威的雄狮、灵巧的袋鼠、迟钝的乌龟……这也是一部生动的交响乐入门教材，准妈妈和胎儿一起欣赏吧！

《动物狂欢节》由14首乐曲组成，每一首乐曲都有标题。《天鹅》是其中的大提琴独奏，传神地展现了天鹅的独特个性和习性。乐曲描绘了一只高贵优雅的天鹅悠然游过碧波，时而凝视远方，时而轻啄羽毛，最后渐行渐远的情景。乐曲的优美娴静，天鹅端庄高雅的形象，将会把准妈妈带入一个纯净的境界。

准妈妈可以经常聆听自己喜欢的乐曲，声波经过反复不断地强化，可以促进胎儿大脑的发育。在宝宝出生后，会对这样的乐曲记忆特别深刻，在他哭闹不安时，给他听听熟悉的乐曲，可以安抚他的情绪。

语言胎教：赏读古诗词《春江花月夜》

春江花月夜（节选）

［唐］张若虚

春江潮水连海平，海上明月共潮生。
滟滟随波千万里，何处春江无月明！
江流宛转绕芳甸，月照花林皆似霰。
空里流霜不觉飞，汀上白沙看不见。
江天一色无纤尘，皎皎空中孤月轮。
江畔何人初见月？江月何年初照人？
人生代代无穷已，江月年年只相似。
不知江月待何人，但见长江送流水。

释义：

春天的江潮水浩浩荡荡，和大海连成了一片。一轮明月从海上升起，好像与潮水一起涌出来似的。月光照耀着江水，随着波浪闪耀千万里，所有地方的春江水都有明亮的月光。江水曲曲折折地绕着花草丛生的原野流淌，月光照射着开遍鲜花的树林，好像细密的雪珠在闪烁。月色如霜，所以霜飞无从觉察；月光皎洁，洲上的白沙和月色融合在一起看不分明。江水、天空成了一样的颜色，不染一丝微尘，明亮的天空中只有一轮孤月高悬。江边上是什么人最初看见了月亮，江上的月亮又是哪一年最初照耀着人们？人生一代一代无穷无尽，只有江上的月亮一年一年总是相似。不知江上的月亮等待什么人，只见长江水滚滚流淌。

准妈妈动动手：自制胎教卡片

利用卡片进行胎教，能够让胎儿更直观地了解这个世界，增强胎教效果。

自制胎教卡片

准备一些白色的硬纸片，剪成合适大小（140厘米×150厘米），用水彩笔在上面写上文字、数字，或画上图画、音符等内容，比如拼音、汉字、阿拉伯数字、五线谱等。将上述内容制成卡片时，还要考虑它们相互间的色彩搭配，要用鲜艳的色彩勾画，并用黑色勾边，使边线具有醒目和利于区别的作用。这样，在进行胎教的过程中可以强化准妈妈的意念，并促使准妈妈获得明确的视觉感受。

何时开始制作卡片

虽然只是制作卡片，但是要考虑胎教内容，还要考虑内容之间的色彩搭配，所以最好是在准备怀孕或者怀孕早期，就把它们一点点做起来。

如何让胎儿通过卡片了解世界

胎教成功的诀窍就是将三维要素（即具体的、有立体感的形象而不是平面的形象）导入胎教中去。所以在进行卡片胎教时，准妈妈要学会运用自己的声音和自己丰富的想象，把内容传输给胎儿。比如，在教阿拉伯数字“1”时，准妈妈不能觉得自己看到了就等于胎儿也看到了。要集中自己的注意力在“1”上，观察它的形状和颜色，当它的形象已经在脑海中很鲜明时，再做些有意思的想象：想象有一只小鸭子浮在河面上，有一棵大树立在田野里，有一只大雁飞过天空……这些想象可以用来表示“1”的含义；也可以想象一根电线杆、一支铅笔的形状……这些想象可以加深胎儿对“1”的“外貌”的认知。当然，在想象这些有意思的情景时，别忘了发好“1”的读音。

准爸爸胎教：念儿歌（3）

小蚂蚁真有趣

小蚂蚁，真有趣，
头上长对小胡须。
小蚂蚁，有情谊，
见面点头很有礼。
小蚂蚁，真有趣，
见面碰碰小胡须。
你碰我，我碰你，
报告一个好消息。
排队走，一二一，
大家去抬一粒米。

太阳公公起得早

太阳公公起得早，
他怕宝宝睡懒觉，
爬上窗口瞧一瞧，
咦？宝宝不见了。
宝宝正在院子里，
一二一二做早操。

雪娃娃

门口有个雪娃娃，
张着嘴巴不说话。
我拿苹果去喂它，
叫它不要想妈妈。

第15周 胎儿会打嗝了

这一周，胎儿的眼睑虽仍然闭合，但已经可以感觉到光。实验表明，现在的胎宝宝已经会本能地躲避光源了。

体重和身高变化加快

胎儿这周的发育会非常迅速，远远超过前几周，并且在接下来的几周内，他的身长和体重可能会发生更大变化，将增长1倍甚至更多。这个时候，胎儿腿长超过了胳膊，并且可以活动所有的关节和四肢，手也更加灵活，手指甲完全形成，胎儿在子宫里可以做更多的动作了。这个时候，胎儿经常做的动作也许是将自己的大拇指放到嘴里吸吮，这些动作对他的大脑发育是非常有益的。

胎儿会打嗝了

本周发生的最大的变化就是胎儿开始在子宫中打嗝了，这是胎儿开始呼吸的前兆，遗憾的是准妈妈无法听到这个声音，主要原因是这时候充满胎儿气管的不是空气而是流动的液体。

准妈妈的身体变化

准妈妈的子宫长大并长出骨盆，肚脐下会有明显的凸痕，准妈妈可以在肚脐下方7.6 ~ 10厘米的位置摸到自己的子宫。由于怀孕时准妈妈体内的雌激素水平较高，盆腔及阴道充血，白带增多。有的准妈妈面部及躯体部皮肤色素加深，出现色素沉着斑块，毛发增多，出现痤疮样皮炎，面部失去光泽、水肿。伴随着心肺功能负荷增加，心率增速，呼吸加快加深等有可能会加重原有的焦虑情绪。准妈妈可能仍会感到比怀孕前更脆弱，敏感和易怒。这个时期由于胎儿代谢物增多，准妈妈肾脏产生负担，尿频现象越来越严重。此外，由于血流量增加，准妈妈会经常感到发热、爱出汗，这时要注意及时补水，保证体内水分充足。

胎教卡片：胎宝宝学汉字（1）

今天是个好天气，散步归来，休息一下，然后开始新的学习内容，跟胎宝宝一起学习两个汉字吧！

首先，要一边读出字的读音，一边用手描摹字的轮廓，将“人”字的形状深深地印入脑海中。

当然，最好的学习方法是配合联想，让学习的过程更加有趣。

“人”字，看上去像不像正在迈开的双腿，或者像一个尖尖的屋顶呢？我们在“大”字里是不是看到一个“人”？他叉着腿，张开双臂，是不是像一个守门员等着接球？

准妈妈可以用自己的身体给胎儿演示“人”和“大”的形状，在学习的同时也伸展了四肢，可谓一举两得。

睡前故事：童话《两棵桃树》

在一个美丽的花园里，长着两棵桃树。花园的主人精心地照料着这两棵桃树。可是，虽然照料得一样，它们却长得不一样。一棵长得高高的，另一棵长得矮矮的。

高个子桃树骄傲地对矮个子桃树说："可怜的小东西，看来你这辈子是别想跟上我了，我可是花园里最了不起的。"矮个子桃树也不明白，为什么一样地吸收阳光、水和养分，自己却长得这么矮。但它没有说话，只是努力地挺了挺腰，又努力地伸伸手臂，继续吸收着阳光雨露。

春天到了，高个子桃树率先开花，它骄傲地斜视着矮个子桃树，晃动着红红的花瓣，说："可怜的矮家伙，看，我的花都开了，你就那么几个小小的花苞。"矮个子桃树仍然没有说话，只是继续伸展着枝条，坚信自己也会长得很好。美丽的蝴蝶来了，勤劳的蜜蜂来了，它们嗡嗡地飞着，在花瓣中跳舞，高个子桃树大声教训着它们："烦人的小家伙们，快走开！别弄伤了我的花瓣！"而矮个子桃树呢，开出更多的花，热情地招呼着这些小客人。

慢慢地，矮个子桃树身上结出很多很多绿色的小桃子，到了夏天，成熟的桃子挂满了枝杈，每一个都又大又红又甜。花园的主人很开心，他招呼邻居们一起分享他的果实。大家都说，咦？奇怪，为什么这棵高高的桃树没有结果子呢？

音乐胎教：欣赏名曲《爱之梦》

弗朗茨·李斯特，著名的匈牙利作曲家、钢琴家、指挥家，伟大的浪漫主义大师，是浪漫主义前期最杰出的代表人物之一。他6岁起学钢琴，9岁时举行第一场钢琴独奏会，先后师从多位钢琴名家。李斯特将钢琴的技巧发展到了无与伦比的程度，极大地丰富了钢琴的表现力，在钢琴上创造了管弦乐的效果。他还首创了背谱演奏法，具有超群的即兴演奏才能。因此获得了“钢琴之王”的美誉。

李斯特的音乐具有高超的演奏技巧和丰富的音乐情感，这种情感的表达充分地在《爱之梦》中得到体现。李斯特把自己的三首歌曲改写为三首钢琴曲，题作《爱之梦》。原来的歌词，分别作为钢琴曲的题诗。其中以第三首最为著名。一般提起李斯特的《爱之梦》，指的就是这首乐曲。这首的题诗是德国诗人弗莱里格拉特的《爱吧》。李斯特根据这首诗创作乐曲，但没有局限于歌词提供的内容。因为原诗的情调低沉，表现生离死别的伤感情怀，而李斯特的钢琴曲却焕发着充沛的热情。它采用了夜曲的题材，乐曲的开头以恬静柔和的旋律贯穿其中，右手的分解和弦具有流动感和起伏感，烘托出浪漫主义时期特有的音乐氛围。乐曲的中段情绪不断高涨，热烈而激昂并逐渐推向高潮，体现了对爱的渴望和执着追求之情。最终全曲结束在柔和、明亮的音乐中，留给听者无尽的音乐想象，回味无穷。以后，钢琴曲《爱之梦》又被改编为管弦乐曲以及小提琴或长笛的独奏曲目。

《爱之梦》深情婉转的旋律是不是也打动了准爸爸和准妈妈的心呢？如果喜欢，可以选择用这首经典音乐向自己心爱的宝宝表达自己的爱意。

国学胎教：讲故事《苏武牧羊》

汉武帝时期，中郎将苏武奉命出使匈奴。他手拿着旌节，带着一群人来到匈奴，没想到竟被扣留。

匈奴人威胁利诱苏武投降，但苏武态度坚决地说："我是汉朝的使臣，如果违背使命，丧失气节，活下去有什么脸见人。"同行的一群贪生怕死之人，已经投降，但是，苏武毅然决然，绝不投降。

匈奴首领单于想逼苏武屈服，就命令把他关在地窖里，不给吃，不给喝。已是入冬时节，天上下着鹅毛大雪。苏武忍饥挨饿，渴了就捧一把雪解渴；饿了，就扯一些皮带、羊皮片啃着充饥。就这样，苏武挨过了好些天都没有死，这让匈奴人觉得震惊又神奇。

单于知道无论软的，还是硬的，劝说苏武投降都没有希望，他敬重苏武的气节，不忍心杀苏武，但又不想让他返回汉朝，于是决定把苏武流放到北海（今贝加尔湖）边没有人的地方，让他去放牧公羊，说等到公羊产了仔苏武才能归汉。

苏武被流放到北海后，因为得不到口粮，所以只能掘取野鼠洞里储藏的野果等来吃。苏武早就把生死置之度外，却始终手持那支旌节，不论白天放羊还是晚上睡觉总不离手。日子一久，旌节上的穗子都掉光了。

后来，匈奴发生内乱，汉朝要求单于放回苏武，苏武才被释放回汉朝。在匈奴受了十九年的折磨，苏武的胡须、头发全都白了。

回到长安那天，长安人民都出来迎接他，百姓看见白胡须、白头发的苏武手里拿着光杆子的旌节，没有一个不受感动的，都说他真是一个有气节的大丈夫。

苏武为什么始终拿着旌节

"旌节"是一种凭证，使节奉命出使到某个地方或国家，都需要拿着旌节。对苏武来说，旌节象征着汉朝，始终把它握在手中，便是对汉朝的一种忠诚和怀想。

第16周 令人激动的胎心音

有的准妈妈在这一周就可以感觉到胎动了。如果现在还没有感觉到，别着急，可能下一周就能感觉到那激动人心的胎动了。

听听胎心音

胎儿现在可以用胸部做呼吸动作，吸吮拇指的活动也更加有力。虽然准妈妈尚未感觉到，但现在用多普勒胎心仪可以监听到胎心音，心率约为150次/分钟。

胎儿看起来像个梨

现在胎儿看上去就像个梨。胎儿的头部相比以前明显更加直立。双眼已经移到了面部前方，眼睑依然紧闭，但是眼球已经开始慢慢转动了。眼睫毛和眉毛正在生长，耳朵也到达了最终所在的位置。血管网遍布全身，通过薄而透明的皮肤就可以看到。

生长依然很迅速

这个时期胎儿生长依然很迅速，双臂和两腿的关节已经形成，硬骨开始发育，腿的长度已超过胳膊，指关节也开始活动。此时，已经可以辨别出胎儿的性器官了。

胎盘与准妈妈连接紧密

现在流产的可能性大大减小，因为胎盘与准妈妈身体的连接更加紧密、结实，羊水量也从这个时期开始急速地增加。

准妈妈开始感受胎动

这个时候，比较敏感的准妈妈已经能感觉到胎动了。第一次胎动通常发生在妊娠第16～20周。每个准妈妈感觉到胎动的具体时间通常不一样，胎儿的活动程度也不一样，所以不必因尚未察觉到胎动而担心。只有那些有过生产经历或者敏感的人，才能在本周感觉到第一次胎动。

胎教卡片：胎宝宝学字母（1）

学习英语要从字母开始，准妈妈放松心情，保持平和的心态，准备好字母卡片，和胎儿一起开始吧！

“A”好像一顶尖帽子。准妈妈一边联想着一顶尖尖的帽子，并从上往下努力勾画其形象，一边反复正确地发音。还可用手指临摹字形，将“A”的形象印在脑海中并传递给胎儿。

“B”看上去就像摞在一起的两个半圆，这个字母胖乎乎的，像个小胖子。准妈妈反复读这个字母，让“B”的字形印入脑海，同时手指按卡片进行描画。

学习字母“C”时，准妈妈可以联系日常生活内容，比如，可以对胎儿说：“宝宝记得《月亮船》吗？C长得就像弯弯的月亮……”

音乐胎教：欣赏名曲《欢乐颂》

如果说莫扎特的音乐是感觉的艺术，那么贝多芬的音乐就是灵魂的声音。贝多芬一生中最伟大的作品《第九交响曲》是他失聪后所作。失聪者能作曲，已是奇事，更何况做出的又是如此杰出的作品！《欢乐颂》是1785年由德国诗人席勒所写的诗歌。《欢乐颂》乐曲是贝多芬《第九交响曲》的终曲乐章，是他全部音乐创作生涯的最高峰和总结之作。这是一首庞大的变奏曲，充满了庄严的宗教色彩，气势恢宏，是人声演唱与交响乐队合作的典范之作，成为现今欧洲联盟的盟歌。

准妈妈可以这样听

熟悉的音乐响起，这正是贝多芬《第九交响曲》的终曲乐章《欢乐颂》。贝多芬旨在通过这个乐章让人们感受到前三个乐章都无法达到的他坚信的快乐，而乐曲也正是用席勒的诗《欢乐颂》作为歌词来表达："啊，朋友们，不要用这样的声音，还是让我们把更愉快的歌声汇成欢乐的合唱吧。"

准妈妈也可以跟着音乐轻轻吟唱。因为准妈妈声音的节奏、声调、音高及旋律产生的声波通过骨骼、血液可以直接传导到子宫，而歌声中那饱含的母爱亲情，可以让胎儿产生安全感，利于胎儿期母子依恋关系的建立，对胎儿情感的激发和健康成长具有促进作用。

抚摩胎教：每天抚摩胎儿 10 分钟

孕4月，有些敏感的准妈妈已经可以感受到胎动了。胎动明显的时候，准妈妈可以感受到子宫在蠕动，胃里也发出咕噜咕噜的声音。此时，胎宝宝的神经系统发育迅速，对触觉与力量很敏感。准妈妈和准爸爸一定要抓住这个时机，通过抚摩和胎宝宝进行交流。比如，可以在胎宝宝踢腿的时候，轻轻抚摩准妈妈的腹部，与胎宝宝的活动内外呼应，让胎宝宝感受到准爸爸和准妈妈的关爱。在准妈妈或准爸爸抚摩的时候，胎宝宝会做出反射学上的躯体蠕动，这可以促进他大脑功能协调性的发育。

准妈妈在进行抚摩胎教的时候，可以融入触压拍打法，对胎宝宝进行良性刺激。具体做法是：

准妈妈平躺，放松腹部，先用手在腹部从上至下、从左至右来回抚摩，并用手指轻轻按下再抬起，然后轻轻地做一些按压和拍打的动作，给胎宝宝以触觉的刺激。刚开始时，即使胎宝宝不会做出反应，准妈妈也不要灰心，一定要坚持且有规律地去做。一般需要几个星期的时间，胎宝宝就会有所反应，如身体轻轻蠕动、手脚转动等。开始时，每次进行5分钟，等胎宝宝做出反应后，可增加至每次10分钟。

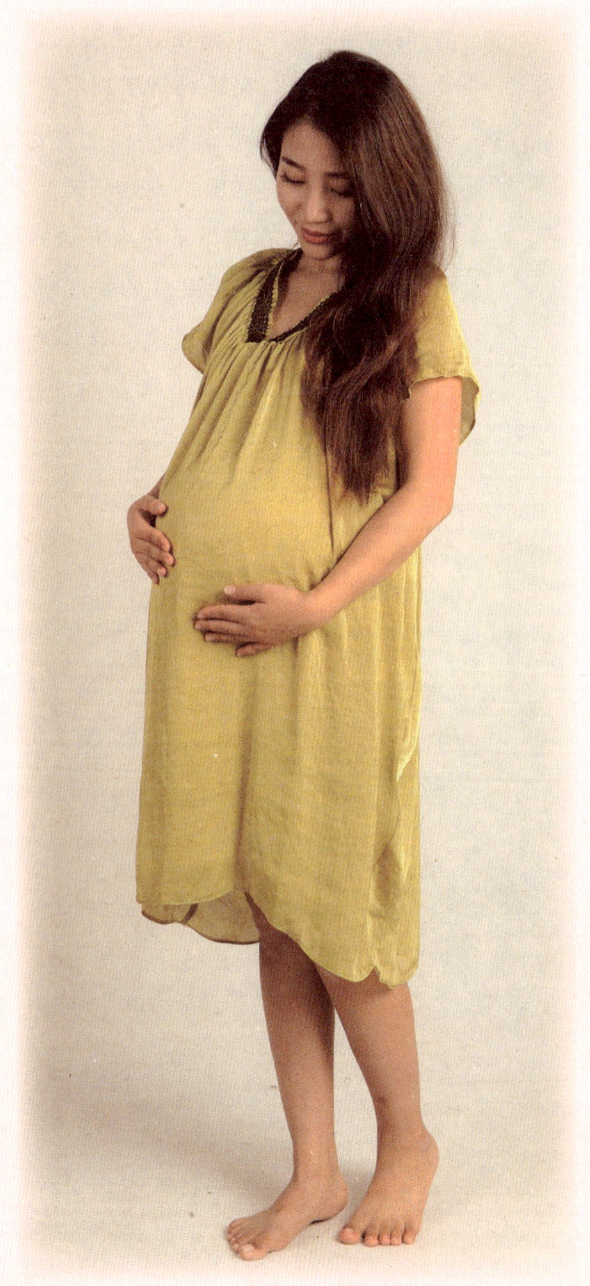

睡前故事：童话《鸭妈妈找蛋》

鸭妈妈生的蛋最好看，圆溜溜、亮晶晶的，谁见了都说：“鸭妈妈长得好看，生的蛋也这么漂亮！”鸭妈妈听了别提有多高兴啦。

可是，鸭妈妈有个毛病：老爱忘事，刚生过蛋，就忘了蛋在哪儿。所以，她常常找不到自己生的蛋。这不，鸭妈妈又忘了把蛋生在哪儿了。

于是，它就在墙根下跑来跑去地找蛋，可是墙里墙外怎么也找不着。它便向鹅大婶打听：“鹅大婶，您看见我的蛋了吗？”

鹅大婶想了想说：“哦，我没看见你的蛋，你到别处找找看吧！”

鸭妈妈赶紧又跑到小路上，正好碰到了山羊公公，就连忙问：“山羊公公，您看见我生的蛋了吗？”

山羊公公说：“哦，我没看见，你怎么不去池塘边找找看呢？”

鸭妈妈跑到池塘边，低着头找呀找，天都黑了还是没找着，看见老黄牛回家了，它赶紧跑过去问：“牛伯伯，您看见我的蛋了吗？我都找了半天了，还没找着。”

老黄牛摇了摇头说：“你呀，可真粗心，连自己生的蛋也会弄丢。”

鸭妈妈低下头，长长地叹了一口气：“唉，有什么办法，我忙呀！刚下水就想着要捉鱼，捉完鱼就得下蛋，下完蛋又要忙其他的事，这么多事情一搅和，就想不起蛋生在哪儿了。”

老黄牛说：“这不是理由啊，你瞧我，整天耕地拉车，一天到晚忙个不停，可我也不像你这么粗心啊！”

鸭妈妈一下子坐在地上，拍着脑袋说：“哎呀，一定是我的脑袋出了问题，怎么办啊！”

老黄牛心软了，安慰她说：“别急啊！你好好想想，你今天都去过什么地方。”

于是，鸭妈妈闭上眼睛开始想：池塘边，没有；小路上，不会呀！树林里，根本没去那儿……突然，鸭妈妈睁开了眼睛，它难为情地低下头，小声地说：“今天，今天，我还没生过蛋呢。”

孕5月 感受母子情深

第17周 玩转脐带

这一周，连接胎盘的生命纽带——脐带，长得更粗、更强壮了。脐带是子宫里最有趣的玩具，胎儿很喜欢用手拉它、抓它，有时会抓得特别紧，紧到只有少量的氧气被输送，不过不用担心，胎儿会很快放手，好让自己得到充足的氧气和养分。

胎动变得活跃

胎儿现在非常灵活顽皮，他能够活动关节及骨架，像挥手、踢腿等动作也变得熟练，手脚和身体活动得更加频繁。随着准妈妈子宫的迅速增大，胎儿的活动空间也增大了，所以胎动会非常活跃。

胎儿的骨骼还是软骨，从现在开始会逐渐变硬，可以保护骨骼的卵磷脂覆盖在骨髓上。循环系统和尿道完全进入正常的工作状态，肺也开始工作。皮肤呈暗红色，皮脂腺已发育，并且开始有分泌活动。此时，全部器官将发育完善并不断增大。

准妈妈腹部更加突出

本周，准妈妈的小腹更加突出，乳房变得更加敏感、柔软，甚至有些疼痛。有时你可能感到腹部一侧有轻微的触痛，这是因为子宫在迅速地增长。有时下腹像有一只小虫似的一下一下地蠕动，或者感觉像小鱼在腹中游动，这正是胎儿在羊水中蠕动、挺身体、频繁活动手脚，碰撞子宫壁而引起的胎动。

准妈妈身体重心发生变化

准妈妈的身体重心随着子宫的不断增大而发生着变化，准妈妈会感到行动有些不方便，所以要注意衣服的舒适和随意，鞋要尽量选择软底、平跟且防滑性好的，应避免长时间站立及注意身体保暖。

准妈妈乳房开始增大，有时甚至有乳汁分泌，要注意保持乳头清洁。若发生小腿抽筋，应尽快按摩腿肚，或一手压住膝盖一手将脚趾往上用力压。

胎教卡片：胎宝宝学图形（1）

当准妈妈进行胎教时，准爸爸也可以参与进来，与准妈妈互动，使胎教在愉快轻松的气氛中进行。胎儿也能感受到来自爸爸妈妈的爱，良好的情绪会进一步促进胎儿大脑和身体的发育。

准爸爸拿出正方形的卡片给准妈妈，并且对胎儿说："宝贝，我是你爸爸，现在爸爸妈妈要来给你上课啦。今天给你准备的是一张图形卡片，我们来看看这是什么形状呢?啊，原来是正方形。"

准妈妈接过卡片，凝神注视并把这个图形映入脑海，将其视觉化后传递给胎儿。准妈妈用手指沿正方形的四条边勾勒出正方形的形状，并问胎儿："我们找找和这个形状一样的东西都有什么。哦，我看到了，饼干盒、坐垫、茶几、毛巾……它们都是正方形的。"

准爸爸接着说："正方形的四个边是一样长的，宝贝，你看到了吗？"准爸爸把找到的正方形物品一个个拿过来，一边讲，一边用手指描画这个图形的轮廓，给胎儿更直观的感受。

国学胎教：讲故事《一诺千金》

秦朝末年，有一个叫季布的人，他特别讲信用，但凡他答应过的事，无论有多困难，他都一定想办法做到，受到大家的赞扬。当时还流传着一句谚语：“得黄金百两，不如得季布一诺。”意思是说：得到黄金百两，都比不上得到季布的一句承诺。

季布是项羽的将士，还多次打败过刘邦。楚汉相争时期，刘邦打败项羽当上了皇帝，开始搜捕项羽的部下。季布曾经是项羽的得力干将。所以，刘邦下令捉拿季布，说只要谁能将季布送到官府，就赏赐他一千两黄金。

但是季布的信誉太好了，人品也太好了。大家都听过季布“得黄金百两，不如得季布一诺”的美誉，尽管知道刘邦要抓他，但还是有很多人因为仰慕他的为人，而在暗中帮助他。

后来季布躲到濮阳一个姓周的人家，周家人对他说：“现在朝廷悬赏追查你，就快查到我家这儿来了，您得听我的安排。”季布同意了，然后周家人剃掉了季布的头发，给他换上粗布衣服，还用铁箍束住他的脖子，将他连同十几个奴仆一起卖给了鲁地的朱家。

朱家明知道是季布还是买了下来，将他安置在田里耕种，还告诫自己的儿子说：“耕作时要听这个人的吩咐，跟他吃一样的饭。”还找人向刘邦说情，后来刘邦果真免了季布的罪，还让他当了官。

胎教小百科

古人早就认识到行为胎教的重要性，并要求准妈妈要恪守礼仪，品行端正，给胎宝宝以良好的影响。如果胎宝宝在妈妈体内接受了种种不良习惯，出生后则可能难以改掉。这些古人的美德故事，对于准妈妈的思想情操都有一些积极的影响，对胎宝宝也非常有益。

音乐胎教：欣赏名曲《梦幻曲》

《梦幻曲》是德国作曲家舒曼创作的钢琴套曲《童年情景》中的第7首，作于1838年。由于它有着优美的旋律和诗一般的意境，常被一些音乐家在音乐会上单独演奏。

舒曼前期（指1840年以前）的作品多与个人经历有关，带有某种自传和日记的性质。正因为如此，他特别热衷于一系列独立小曲联结成的套曲形式。《童年情景》这部套曲虽然不是直接取材于作者个人的经历，但却通过对他妻子——钢琴家克拉拉童年情景的描绘，形象而准确地表现了儿童的心理和他们的某些生活画面，唤起包括作者在内的成年人对童年美好生活的回忆。此曲整个旋律起伏匀称、婉转流连，渗透着宁静的冥想色彩。由于中段采用了调性不确定的处理手法，正体现了在梦境中轻柔缥缈、朦胧变幻的感觉。

名画欣赏：如何挑选适合胎教的画作

进行胎教时，不要选择难以理解的抽象画，最好选择便于欣赏的风景画，或者色泽温和明快、内容健康向上的绘画作品。不规则、模糊的线条给人以不安感，应该尽量避开。印象主义画派的作品基本上满足了胎教绘画的要求。莫奈、马奈、雷诺阿、塞尚、德加等印象主义画家的作品具有色彩明亮、光线充足的共同特征。这些绘画作品不仅能使胎儿拥有丰富的情感，还能有效地刺激胎儿的视觉。

令人心绪平和、宁静的作品：如拉斐尔的《西斯廷圣母》，毕加索的《母爱》和《梦》，雷诺阿的《少女画像》，以及运用艳丽的色彩和丰富的想象力描述故乡、家庭和爱的夏加尔的作品。

珍爱家庭的作品：如表达对妻子深情的伦勃朗的《犹太新娘》、牟利罗的《圣家族》。

颂扬母爱的作品：如莫莉索的《摇篮》，描述维纳斯诞生瞬间的神秘与美丽的波提切利的作品《维纳斯的诞生》等。

《西斯廷圣母》

第18周

越来越不安分的胎儿

此时的胎儿能够听到准妈妈的心跳，因此，准妈妈的情绪是否稳定直接影响着胎儿的发育，准妈妈一定要保持乐观的情绪，才能传递给胎儿所需要的“正能量”。

胎儿越来越爱动

这一周，胎儿的躯干、肢体都发育得比较完善，看上去越来越具有人形，下肢比上肢长，下肢各部分也成比例。这个时候的胎儿活动越来越频繁，忙着伸胳膊和蹬腿，经常戳、踢、扭动和翻转，准妈妈会越来越多地感觉到胎动。

胎儿的骨骼系统继续长出更多新骨，骨内已含钙质，在X射线下能够显影。股骨长度和头径都已经能够测量。

胎儿性别发育完全

第18周的时候，如果是女孩，她的阴道、子宫、输卵管都已经各就各位；如果是男孩，他的生殖器已经清晰可见。

准妈妈孕态更加明显

到了这周，准妈妈的外形体征更为明显，腹部隆起，子宫继续增大，子宫底在肚脐下面两横指的位置上。由于体形的变化及身体负荷的增加，准妈妈变得容易疲倦，偶尔还会出现身体失去平衡的情况。准妈妈的体温一般高于正常人（正常人的腋下体温是36.5℃左右，而本周准妈妈腋下温度可能达到36.8℃），这主要与孕激素高有关。同时，大部分准妈妈还会受到痔疮的困扰。

特别提醒

要每天数胎动。从现在开始，数胎动应该成为准妈妈每天必做的功课。时间最好固定在每天晚上8～9点，胎动一般平均每小时3～5次。坚持每天数胎动是监测宝宝是否一切正常的最简单有效的途径。

音乐胎教：唱儿歌《蜜蜂做工》

准妈妈可以听一些欢快的、优美的音乐或者活泼有趣的儿歌和童谣，也可以随着乐曲轻轻哼唱。一些生物学家认为，有节奏的音乐可以刺激生物体内细胞分子发生共振，使原来处于静止和休眠状态下的分子和谐地运动起来，促进细胞的新陈代谢。而心理学家认为，音乐能渗入人的心灵，激起人们无意识的超境界幻觉，并能唤起平时被抑制的记忆。

唱《蜜蜂做工》这首歌时不需要特别大的气息量，应该感觉到气息的轻盈，有种跳动的感觉。要注意这首歌明快的节奏，可以用踏脚的方式来帮助你掌握好这首歌的节奏。

睡前故事：神话传说《嫦娥奔月》

相传远古时候，有一年，天上出现了10个太阳，直烤得大地冒烟，海水枯竭，老百姓眼看无法再生活下去。一个名叫后羿的英雄，登上昆仑山顶，运足神力，拉开神弓，一气射下9个太阳。后羿因此受到百姓的尊敬和爱戴，不少志士慕名前来拜师学艺，奸诈刁钻、心术不正的逢蒙也混了进来。

不久，后羿娶了个美丽善良的妻子，名叫嫦娥。后羿除传艺狩猎外，终日和妻子在一起，人们都羡慕这对郎才女貌的恩爱夫妻。

一天，后羿到昆仑山访友求道，巧遇由此经过的王母娘娘，便向王母娘娘求得一包仙药。据说，服下此药，能即刻升天成仙。然而，后羿舍不得撇下妻子嫦娥，就把仙药交给嫦娥珍藏。当嫦娥将仙药藏进梳妆台上的百宝匣时，不料被逢蒙看到了。

几天后，后羿率众人外出狩猎，心怀鬼胎的逢蒙假装生病，留了下来。待后羿率众人走后，逢蒙便手持宝剑闯入后羿房中，威胁嫦娥交出仙药。嫦娥知道自己不是逢蒙的对手，在这危急之时她当机立断，转身打开百宝匣，拿出仙药一口吞了下去。嫦娥吞下仙药后，身子立时飘离地面，纵身冲出窗口，向天上飞去。由于嫦娥牵挂着丈夫后羿，便飞落到离人间最近的月亮上成了仙。

傍晚，后羿回到家，侍女们哭诉了白天发生的事。后羿既惊又怒，抽剑去杀恶徒逢蒙，但逢蒙早已逃走，气得后羿捶胸顿足。悲痛欲绝的后羿，仰望着夜空呼唤爱妻的名字。这时他惊奇地发现，天上的月亮格外皎洁明亮，而且有个晃动的身影酷似嫦娥。后羿急忙派人在嫦娥喜爱的后花园里摆上香案，放上她平时最爱吃的蜜食鲜果，遥祭在月宫里眷恋着自己的嫦娥。百姓们闻知嫦娥奔月成仙的消息后，纷纷在月下摆设香案，向善良的嫦娥祈求吉祥平安。从此，中秋节拜月的风俗在民间广为流传。

语言胎教：赏读三首写情的古诗词

游子吟

［唐］孟　郊

慈母手中线，游子身上衣。
临行密密缝，意恐迟迟归。
谁言寸草心，报得三春晖。

释义：

慈祥的母亲手里正在飞针走线，为即将远行的孩子缝制衣衫。临行时她缝得细密严实，是因为担心孩子迟迟不能回来。有谁敢说，子女那如小草一般微弱的孝心，能够报答得了像春光一般的慈母恩情呢？

赠汪伦

［唐］李　白

李白乘舟将欲行，
忽闻岸上踏歌声。
桃花潭水深千尺，
不及汪伦送我情。

释义：

李白坐上小船刚要离开，忽然听到岸上传来悠扬的踏歌之声，原来是汪伦唱送别歌。即使桃花潭水有一千尺那么深，也不及汪伦送别我的情谊深啊。

卜算子 · 我住长江头

［宋］李之仪

我住长江头，君住长江尾。
日日思君不见君，共饮长江水。
此水几时休，此恨何时已。
只愿君心似我心，定不负相思意。

释义：

我住在长江上游，你住在长江之尾。日夜想念你，却总是见不到你，我们喝的都是长江的水。江水什么时候枯竭，这份离恨就什么时候停息。只希望你的心思和我的一样，就一定不会辜负这互相思念的心意。

第19周 听听周围的声音

现在是胎儿感官发育的关键时期，感官正按照区域迅速发展。大脑开始划分出嗅觉、味觉、听觉、视觉和触觉的专门区域，此时神经元的增加量减少，神经元之间的连通开始增加。

胎儿正在接收周围的声音

这一周，胎儿的世界又迎来一个新的阶段。现在，他可以听到周围的声音了。胎儿最先听到的声音是准妈妈血液流过血管的声音、胃部消化的杂音、心脏跳动的声音以及声带发出的声音。研究显示，胎儿听到声音后会学习分辨准妈妈与其他人的声音，并且很快会显示出对准妈妈声音的偏爱。当听到准妈妈说话时，胎儿的心跳会减慢，说明他感到安全，放松下来了。

小南瓜一样的胎儿

胎儿的胳膊和腿已经与身体的其他部分成比例了，肾脏继续产生尿液，头发也在迅速生长。胎儿的腺体开始分泌出一种黏稠的白色油脂状物质，这就是胎脂，具有防水作用。在未来的日子里，胎脂可防止胎儿的皮肤因长期浸在羊水中而被腐蚀。

准妈妈要为母乳喂养做准备

这一周，子宫已经到达肚脐下一横指的位置，皮下脂肪增厚，腹部凸出更明显。随着乳腺的发达，乳房增大，怀孕前所穿的内衣现在已经不太适合了。乳头受到过度压迫会阻碍乳腺的发育，因此这时应该穿戴稍大型号的文胸。此时，身体也开始为母乳喂养做准备了：乳头会分泌出乳汁，皮肤的色素增加，使乳头颜色变深并伴有刺痛感，乳房皮肤表面的静脉血管非常明显。

胎教卡片：胎宝宝学数字（1）

从现在开始，我们就要和胎儿一起进行数字的学习了。

请准备好数字卡片，拿出“1”的卡片。准妈妈集中注意力凝视“1”的形状和颜色，让它在头脑中留下鲜明的印象。然后开始联想，“1”像什么呢？可以在头脑中想象：竖起来的铅笔、笔直的电线杆、竖起来的食指、一根筷子等，并将这些形象印在头脑中传递给胎儿，加深胎儿对“1”的印象。

接下来，可以利用身边的事物，表达“1”的意思，比如：一个苹果、一个人、一部电话、一棵树……不断地想象，不断地强调，加强胎儿对这个数字的认知。

国学胎教：讲两个关于孝道的故事

黄香温席

相传东汉时期，在江夏（今湖北省境内）有一个叫黄香的孝子，他与父亲相依为命。

黄香九岁那年，夏天天气热，为了让父亲能安心入睡，黄香每天晚上睡前都先给父亲扇枕席。到了冬天，屋里特别冷，黄香就先给父亲铺好被子，钻进被窝，用自己的体温把被褥捂热。日复一日，年复一年。黄香的孝行，传遍了全县，也传遍了全国。

九岁的孩子能懂得这样孝顺父亲，此事感动了太守刘护，他上书朝廷，举荐黄香为孝廉，黄香由此成为一位因孝敬长辈而名垂千古的孩子。民间有“江夏黄香，天下无双”的赞誉。

黄香小小的年纪就有这样的孝心，也使他在做人、求学上有所成就。后来他当了官，做了尚书令，成为以孝闻名、以孝施政的榜样。

黄香的事迹被历代传颂，成为我国经典“二十四孝”中的著名一孝。

孔融让梨

孔融小时候聪明好学，才能优异，大家都夸赞他是个神童。四岁的时候，他已经可以背诵许多诗词歌赋，并且懂得很多礼节，父母亲都非常疼爱他。

孔融有五个哥哥和一个弟弟。有一天，家里吃梨，一盘梨放在大家面前，哥哥让弟弟先拿。孔融不挑好的，不拣大的，只拿了一个最小的。

父亲看见孔融挑了个最小的，感到很高兴，心想：别看这孩子才四岁，还真懂事呢。于是便故意问孔融：“这么多的梨，让你先拿，你为什么不拿大的，只拿一个最小的呢？”孔融回答说：“我年纪小，应该拿个最小的，大的留给哥哥吃。”父亲又问孔融：“你还有个弟弟，弟弟不是比你还小吗？”孔融说：“我比弟弟大，我是哥哥，我应该把大的留给弟弟吃。”

父亲听了孔融的回答，哈哈大笑起来：“好孩子，真是个懂事的好孩子。”

准妈妈动动手：学折七星瓢虫

1 正方形分别对折，打开，留折痕。

2 上角由 1/3 处向下折。

3 上层由 1/3 处向上折。

4 上层的下边向内折。

5 翻转，左右两斜边向里折。

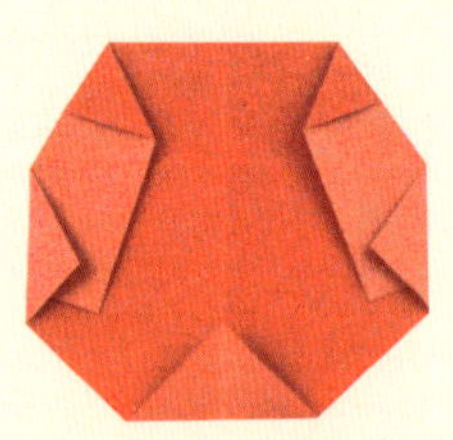

6 左、右、下角分别向后折。

7 翻转，装饰眼睛、背部斑点，完成。

音乐胎教：欣赏名曲《春之歌》

《春之歌》是德国犹太裔作曲家、指挥家和钢琴演奏家门德尔松《无词歌》中最为著名的一首曲子，不仅用于钢琴独奏，还被改编成管弦乐曲、小提琴和其他乐器的独奏曲，广为流传，深受世界人民喜爱。

《春之歌》是一首歌咏春天的优美抒情乐曲。乐曲主旋律旖旎多姿、温婉迷人，串串音符犹如飘飞的花絮，展现出春光的明媚。伴奏则仿佛淙淙溪水，潺潺流过，表现出人们置身于春色之中的激动心情，更烘托出春的意境与活力。全曲营造的快乐气氛会令准妈妈沉醉。春意盎然的时节，准妈妈带着腹中的胎儿一起到户外感受一下生命的气息吧！植物所迸发的无限生机也会让你和胎儿都对自己充满信心。

门德尔松和他的音乐

门德尔松是德国浪漫乐派最具代表性的人物之一，被誉为杰出的“抒情风景画大师”，作品以精美、优雅、华丽著称。他9岁开始登台表演钢琴独奏，10岁着手音乐创作，17岁时完成了为人所熟知的《〈仲夏夜之梦〉序曲》。

1829年春天，年仅20岁的门德尔松开始了他的旅行演出生活，他的足迹遍及欧洲许多文化圣地。愉快的旅行，丰富的见闻，使门德尔松构思与创作了一系列优秀的音乐作品。他最杰出的事业是在1843年创办了德国第一所音乐学院——莱比锡音乐学院。

第20周 羊水中更“游刃有余”的胎儿

这一周，胎儿发育得比较平稳，皮肤开始增厚，牙齿正在发育，四肢已发育好。免疫抗体能通过准妈妈的血液转送到胎儿身体里，这将帮助胎儿在出生后的最初一段时间里抵抗疾病。

可爱的“白眉大侠”

胎儿的眉毛和眼睫毛还在生长，头发慢慢变粗，无论以后宝宝的头发颜色有多深，他现在的头发都是完全不着色的，眉毛和睫毛也都是白色的，看起来就像“白眉大侠”。

神经与肌肉建立联系

从胎儿的脑部开始，神经组织正被一层髓质保护层覆盖，这是胎儿走向成熟的重要一步，因为这样可使大脑发送和接收信息有方便的通道，记忆与思维功能也在增强。

活动自如的胎儿

现在准妈妈子宫的空间尚宽敞，加上羊水的浮力和子宫壁的弹性，胎儿会很活跃。他在子宫中变换各种姿势，时而盘腿而坐，时而斜靠着吸吮拇指，有时甚至翻个筋斗倒转过来。他还喜欢用小手、小脚及头部等撞击子宫壁，就像一个在水里游泳的鱼儿一样活泼自由。

准妈妈疲劳感加重

随着子宫的日渐增大，腰部和腹部也开始膨胀了。膨大的腹部破坏了整体的平衡，使准妈妈易感疲劳，对肺、胃、肾脏的压迫也逐渐增强，导致呼吸急促、消化不良和小便频繁，甚至可能在无意识的情况下小便。孕中期，准妈妈腹部肌肉增加，会出现妊娠纹，这是一种自然现象，准妈妈不必对此忧心忡忡。为了避免体重增加过快，准妈妈平时应该坚持运动。

胎教卡片：胎宝宝学字母（2）

今天接着学习英文字母，准妈妈应在身体放松、心情愉快的前提下进行字母的学习。现在，准备好胎教卡片，和胎儿一起开始学习吧！

“D”是个开心的字母，它总是一副哈哈大笑的样子！准妈妈要集中注意力，看着卡片上的字母，将它深深地印入脑海，让胎儿和你一起感知。发音的同时用手指沿着卡片描摹字母“D”。

字母“E”像什么呢？三根小棍儿横插在一根竹竿上，又像三个小人儿排成一队，还像一个多层的书架……准妈妈可以大开脑洞地进行联想。

字母“F”就是“E”下面缺了一横，就好像一根竹竿原本有三根小杈，拿走最下面的一根，还有两根。准妈妈集中注意力，将“F”的形象生动地印在头脑中，并有意识地传递给胎儿。告诉胎儿正确的发音，并用手指在肚皮上写下一个大大的“F”。

国学胎教：诵读《千字文》

从孕5月开始，可以诵读《千字文》了，《千字文》共分四大部分。第一部分从天地开辟讲起。有了天地，就有了日月、星辰、云雨、霜雾和四时寒暑的变化；也就有了生于大地的金玉、铁器（剑）、珍宝、果品、菜蔬，以及江河湖海、飞鸟游鱼；天地之间也就出现了人和时代的变迁。第二部分重在讲述人的修养标准和原则，也就是修身功夫。指出人要孝亲，要珍惜身体，做人要"知过必改"，要讲信用，保持纯真本色，树立良好的形象和信誉。第三部分讲述与统治有关的各方面的问题。第四部分主要描述恬淡的田园生活，赞美了那些甘于寂寞、不为名利羁绊的人们，对民间温馨的人情向往之至。

千字文（节选）

天地玄黄，宇宙洪荒。日月盈昃，辰宿列张。
寒来暑往，秋收冬藏。闰余成岁，律吕调阳。
云腾致雨，露结为霜。金生丽水，玉出昆冈。
剑号巨阙，珠称夜光。果珍李柰，菜重芥姜。
海咸河淡，鳞潜羽翔。龙师火帝，鸟官人皇。
始制文字，乃服衣裳。推位让国，有虞陶唐。
吊民伐罪，周发殷汤。坐朝问道，垂拱平章。
爱育黎首，臣伏戎羌。遐迩一体，率宾归王。
鸣凤在竹，白驹食场。化被草木，赖及万方。
盖此身发，四大五常。恭惟鞠养，岂敢毁伤。
女慕贞洁，男效才良。知过必改，得能莫忘。
罔谈彼短，靡恃己长。信使可覆，器欲难量。
墨悲丝染，诗赞羔羊。景行维贤，克念作圣。
德建名立，形端表正。空谷传声，虚堂习听。
祸因恶积，福缘善庆。尺璧非宝，寸阴是竞。
资父事君，曰严与敬。孝当竭力，忠则尽命。
临深履薄，夙兴温凊。似兰斯馨，如松之盛。
川流不息，渊澄取映。容止若思，言辞安定。
笃初诚美，慎终宜令。荣业所基，籍甚无竟。

千字文（节选）经典释义

天黑地黄，宇宙混沌。太阳东升西落，月亮阴晴圆缺，星辰自有排序。

寒暑交替，秋收获、冬存粮。闰日闰月调纪年，十二律对十二月调阴阳。

云气蒸腾化为雨，露水凝聚结成霜。黄金产自金沙畔，玉石生于昆仑冈。

宝剑名巨阙，明珠叫夜光。李子、沙果是果中珍品，芥菜、生姜是日常蔬菜。

海水咸、河水淡，鱼潜游、鸟飞翔。龙师伏羲，火帝炎帝，鸟官少皞，人皇古帝。

仓颉创造了汉字，嫘祖制造了衣裳。曾禅让王位的明君，有虞舜和唐尧。

商汤和周武王曾安抚百姓讨伐暴君。君主坐朝临政问政，垂依拱手，政绩彰明。

爱护体恤黎民百姓，四方各族俯首称臣。天下得以统一，四海归附于王。

凤凰歌于竹林，白马觅食于草场。大自然养育草木，君王仁政惠及天下。

人的身体发肤，关系到自然人伦。恭敬父母的生养爱护，怎敢随意损伤身体。

女子仰慕贞妇洁女，男子效仿才德之人。错了一定要改，有能力做到就别放弃。

不谈他人短处，不夸自己长处。诚心要经住考验，气度要大到难以估量。

墨子叹白丝易染，《诗经》赞羔羊洁白如一。要仰慕贤者的德行，克制欲念仿效圣人。

道德立世会有好名声，形体端正则仪表堂堂。空旷的山谷传声远，宽敞的厅堂话语清。

祸患因作恶，福运是善果。一尺长的璧玉并非宝物，片刻的光阴更需要珍惜。

侍奉父母君主，要庄严恭敬。孝顺父母应竭尽全力，忠于君主要不惜生命。

临深渊、履薄冰，早起晚睡，冬暖被、夏扇席。孝如兰草香不断，德同松柏久不衰。

河水日夜不停流，潭水清澈能映照。仪容举止如思考般安静，言语要从容稳重。

真诚的开头固然美好，坚持完成更应赞美。德是事业基础，根基强则前途无穷。

《千字文》中天文地理、时代变迁、修身养性、齐家治国无所不有。《千字文》作为胎教内容，主要是让准爸爸、准妈妈增长知识、陶冶情操，每天都保持一份好心情。

在这个月份，每天朗读10多句，重点读前两部分。读的时候，准爸爸也要参与，每人四句一段，或今天准妈妈读，明天准爸爸读。朗读时要带有情感，语调要柔和。

准爸爸胎教：念儿歌（4）

小老鼠

小老鼠，上灯台。
偷油吃，下不来。
喵喵喵，猫来啦，
叽里咕噜滚下来。

小白兔

小白兔，白又白，
两只耳朵竖起来，
爱吃萝卜爱吃菜，
蹦蹦跳跳真可爱。

小花狗

一只小花狗，
坐在大门口，
两眼黑溜溜，
想吃肉骨头。

鹅

一只鹅，走来走去多寂寞。
两只鹅，拍拍翅膀唱唱歌。
三只鹅，排着队儿去游水。
一群鹅，嘎嘎嘎嘎真快活。

小小猪

小小猪，胖嘟嘟，
耳朵大呀腿儿粗。
走路摇摇小尾巴，
唱起歌儿呼噜噜。

猫咪的胡子

我笑猫咪不像话，
生来就想当爸爸。
猫咪趴到我耳边，
跟我说句悄悄话：
没有胡子像娃娃，
老鼠见了不害怕！

音乐胎教：欣赏名曲《小星星变奏曲》

胎儿约在5个月大时，就已有听觉反应，胎儿的内耳、中耳、外耳等听觉系统在怀孕6个月时逐渐成形。胎儿在母亲的子宫里，对外界的声音刺激会有所反应，包括感受到母亲的心跳速度、血液流动的节奏、胃肠蠕动的韵律。当母亲沉浸在美妙的音乐中时，胎儿不仅能感受到音乐节奏的脉动，在环绕着羊水的温暖子宫里，还会随着母亲的心跳、呼吸而摇晃。

莫扎特的《小星星变奏曲》源自一首法国童谣《哦，妈妈，让我告诉您吧！》。这是一首描写情窦初开的少女向母亲表白的歌曲，莫扎特把它改编成钢琴曲《小星星变奏曲》，其中乐曲做了12次变化，生动地表现了小星星活泼可爱、变幻多姿的模样。在这种欢快的节奏中，胎儿的心情肯定是无比愉快的，而准妈妈此时也会完全陶醉其中。

变奏曲的第一段，后由人配以歌词，成为广为流传的经典儿歌《小星星》。准妈妈也可以给宝宝唱一唱。

孕6月 鼓励和称赞，让胎儿更聪明

第21周

听觉发育，可以听到外界的声音

第21周，准妈妈和胎儿已经安全度过了一半的孕期，是不是很欣慰呢？此时，胎儿的身体比较匀称，全身覆盖着胎脂，它能保护胎儿的皮肤免受羊水侵蚀。

体重增长开始加速

这个时候胎儿体重开始大幅度增加。胎儿的眉毛和眼睑清晰可见，手指和脚趾也已经长好指甲。

声音信息能传到大脑了

这一周里，胎儿的听小骨（人体最小的3块骨头，即锤骨、砧骨、镫骨）开始硬化，使声音能够被传导。因此在这个阶段，胎儿可以把声音的信息传递到大脑，而且胎儿的听力也达到了一定水平，所以他对外界的声音会更加敏感和好奇。

大脑迅速发育

胎儿的大脑迅速发育起来，这个过程会一直持续到他5岁的时候，这个阶段可以表现在听觉上。当听到外界的声音或活动时会被惊醒，如突然发出的噪声、喧闹的音乐，甚至洗衣机的震动都会吵醒他。

准妈妈身体变得笨重

准妈妈这时的体重比怀孕前增加了5~6千克，子宫上升比较多，腹部明显隆起。准妈妈身体的重心发生变化，凸出的腹部使重心前移。这个时候，准妈妈的呼吸变得粗重，即使稍做运动也会气喘吁吁，这是子宫向肺部抬升，压迫肺部造成的。

职场准妈妈胎教要点

1. 创造舒适的办公环境，将自己的办公区域按自己的喜好重新布置。

2. 工作上不要对自己要求太苛刻，在孕期可适当降低对自己的工作要求。

3. 在工作的同时也可以进行胎教，以愉悦的心情进行工作。

4. 避免办公室的空调对着自己吹，可以调整一下自己的位置。

5. 做好保暖工作，避免下半身着凉，夏季在空调房中要穿着长裤。

6. 尽量避免从事会使小腹用力的工作。

胎教卡片：胎宝宝学数字（2）

今天要和胎儿一起学习数字“2”了。

准备好胎教卡片，取出“2”。准妈妈集中注意力，将“2”的形状和颜色深深地印在头脑中，加深对“2”的认识。

接下来开始联想，“2”像什么呢？“浮在水面上的鸭子”“飘扬的丝带”“挂钩的侧面”……可以根据自己的想象在家里找一些和“2”形状有关的实物，告诉胎儿，这就是“2”的样子。

“2”是怎样的概念呢？同样可以用身边的事物进行讲解。“2块饼干”“2个盘子”“2根手指”……而且可以和“1”进行比较，这样胎儿的印象会更深。

还可以给胎儿读一读下面这首儿歌。

鸭　子

嘴像小铲子，
脚像小扇子。
走路左右摆，
水上划船子。

音乐胎教：欣赏名曲《维也纳森林的故事》

《维也纳森林的故事》是小约翰·施特劳斯继圆舞曲《蓝色多瑙河》之后的又一部杰作，完成于1868年，同年6月19日初演于维也纳，并由他亲自指挥。乐曲的开始是一段很长的序奏。两支圆号的旋律描绘了优美动人的风景；双簧管和单簧管吹出抒情流畅的曲调，像是牧人的牧歌和角笛；钟声的响起，使音乐增加了很多光彩。然后，大提琴缓缓奏出第一圆舞曲的主题旋律，作为全曲的引子。大提琴浑厚的音调、圆号美丽的牧歌和长笛玲珑的装饰音节，构成了一幅极美妙且色彩斑斓的“音画”，十分优美动人。在轻柔而华美的乐曲声中，我们仿佛看到这样一个场景：春天的早晨，在美丽的蓝色多瑙河畔，远处群山起伏，田野一望无际；清晨的阳光透过大树茂密的枝叶洒在挂满露珠的草地上，山间小溪波光粼粼；羊儿在草地上吃草，小鸟在林间婉转啼鸣，牧童吹着短笛，猎人吹响号角，马蹄声声，构成一幅大自然美丽的图画，宛若人间天堂。

施特劳斯与《维也纳森林的故事》

在奥地利首都维也纳的郊区，有一片美丽的森林，吸引着来自世界各地的游客，而这也是维也纳人的骄傲与福气之一，让他们生活在层层叠叠的绿色之中。森林不单是维也纳人度假游玩的去处，平日黄昏里，人们也常常到那里去呼吸氧气——敞开胸怀，张开嘴巴，大口呼吸来自林海的空气。而森林的绿色也是净化眼睛和心灵的颜色，因此，维也纳人很喜欢绿色。许多居住在维也纳的大作曲家也经常光顾维也纳森林，小约翰·施特劳斯就是其中之一，《维也纳森林的故事》就是他献给家乡的赞歌。

睡前故事：童话《城里老鼠和乡下老鼠》

有一天，一只城里老鼠遇到了一只乡下老鼠，他们交上了朋友，从此开始了友好交往。首先是乡下老鼠邀请城里老鼠到家里来做客，城里老鼠很高兴地答应了。

乡下老鼠拿出从田地里采来的玉米、花生、白薯及树上的红枣招待城里老鼠。城里老鼠一看，有点儿瞧不起乡下老鼠："这些东西太平常了！你难道就没有一些贵点儿的食物吗？你生活得太贫穷了。哪天你跟我到城里，我让你开开眼界，看看我们吃的是什么，那简直丰富极了！"

乡下老鼠非常羡慕地望着城里老鼠，十分盼望早一天到城里去做客。

这一天，乡下老鼠进了城，到了城里老鼠家。怎么？饭桌上什么东西都没有啊？城里老鼠看出乡下老鼠心里的疑问，就告诉他：吃的东西到晚上就会有的。夜晚很快来了，乡下老鼠跟着城里老鼠悄悄溜进主人的厨房。这里的食品真多呀！各种蔬菜、水果、面包、香肠、奶酪、黄油……让人看得口水都流出来了。乡下老鼠和城里老鼠毫不客气地吃了起来。

正吃得开心，突然听到有脚步声。"不好！主人来了，快跑。"城里老鼠一把抓住乡下老鼠钻回了洞里。

乡下老鼠吓得心脏怦怦地跳个不停，刚吃下的东西差点儿吐了出来，说："老兄，你过的是什么日子呀？虽然有那么多好吃的东西，可是总是提心吊胆的，这种生活我可受不了。我还是喜欢我们乡下自由自在的生活。"说完，乡下老鼠就辞别城里老鼠回家了。

选自：《伊索寓言》

国学胎教：了解《百家姓》之赵钱孙李

赵姓的由来

西周时期，有个叫造父的人，他为周穆王驾车，是个驾车能手。在周穆王出巡和征战中都立下了汗马功劳，因此周穆王赐赵城给他，后来造父便以“赵”作为自己的姓氏。

像“赵”姓这样，由封地转化而来的姓还有很多，如冯、陈、储等。还有类似的，以国号为姓氏，如周、陈、黄、徐等。

钱姓的由来

西周时期，有个叫孙彭孚的人，是彭祖的孙子，他任钱府上士，专管财政，后来他的子孙便以官职“钱”作姓。

用官职作姓的还有很多，如左、司马、上官等。

孙姓的由来

有些姓氏，是为了纪念某个人或某件事情产生的。像“孙”姓便是为了纪念孙叔敖。楚国人孙叔敖兴修水利有功，其后人便把“孙”作为姓氏，以此来纪念孙叔敖。

也有一说是，孙姓源于春秋时卫武公的儿子惠孙，他的孙子武仲为纪念其祖父，遂以“孙”作姓氏。另外，像“仰”姓，是为了纪念舜的大臣仰炎，他对乐律有很大的贡献，其后人以此为傲，遂以“仰”为姓。而“吴”姓的来源，有一种说法是越王勾践灭吴后，吴国后人为记住这番耻辱，因此以“吴”为姓。

李姓的由来

李姓和“李子”有关。实际上最初“李”姓为“理”姓。其祖先皋陶是颛顼高阳氏后裔，在尧舜时担任理官，负责刑狱诸事，因此以“理”为姓。后来到商纣时，理氏家族惨遭迫害，在避祸途中，以李子充饥才得以生存。为了报答李子的恩情和躲避追捕，因此改姓为“李”。到了唐代，其开国皇帝姓“李”，后很多有功之臣都被赐姓“李”，姓“李”之人由此变多。

宝宝姓什么？准爸爸和准妈妈也可以给胎宝宝讲讲他的姓氏和来历。

准妈妈动动手：用彩泥做花蝴蝶

捏两个紫色水滴形泥团，再捏两个略小些的粉色水滴形泥团。

1

把 4 个水滴形泥团压扁，用来做蝴蝶的翅膀。

2

用黄泥捏一个胡萝卜形的长泥条。

3

在泥条上压几条横纹做蝴蝶的身体。

4

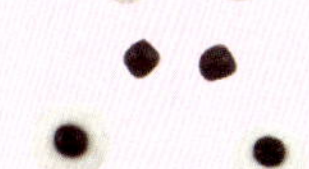

用白泥捏两个圆球，再用黑泥捏两个泥粒。把黑泥粒粘在白泥圆球中间，蝴蝶的眼睛就做好啦！

5

把眼睛粘在身体的顶端。

6

给两对翅膀刻画上你喜欢的花纹，或者装饰一些彩泥圆点。

7

按上大下小的顺序把两对翅膀粘起来。

8

9 把做好的翅膀粘在蝴蝶身体上，一只美丽的花蝴蝶就完成了！

第22周

又红又皱的“小老头儿”

胎儿越来越强壮了，他现在每天依旧是用大把的时间睡觉。当他醒来的时候，就会“逗弄”一下妈妈。玩累了，就会再次进入梦乡。

每天听着妈妈的心跳声入睡

本周，胎儿身长（头到臀）19～22厘米，体重350～450克。此时，他的胎心音变得越来越强，产生激素的胰腺也在稳步发育。

像“小老头儿”一样皱巴巴

这个时候胎儿的皮下脂肪还不够厚，脂肪含量仅占体重的1%，因此胎儿的皮肤还是皱皱的、红红的；而且胎儿的皮肤还是透明的，可以看见皮肤下的骨骼、内脏器官和血管。

长牙的最初迹象

胎儿嘴唇越来越清晰，恒牙的牙胚还在发育，牙尖也出现在牙龈内，显露出长牙的最初迹象。

骨关节开始发育

通过B超，能清楚地看到胎儿的头盖骨、脊椎、肋骨、四肢的骨骼，骨关节也开始发育了，身体逐渐匀称。

准妈妈要预防贫血

此时，准妈妈体内的血液量大幅增加。增加的血液量主要是在怀孕期间引起生理性贫血的血浆，而血浆能够稀释准妈妈的血液。血液的浓度被称作血球容量，它的数值在孕中期会变得很低。因此，很多准妈妈易在这段时间患上贫血症，所以摄取充分的铁质来预防贫血就显得非常重要。适当多吃富含膳食纤维的食品，如全麦面包及其他全麦食品、豆类食品、粗粮等，以预防便秘的发生。在饮食上除了应该注意多吃一些含铁丰富的食物外，还应注意多吃一些含维生素C较多的食物，以帮助身体吸收更多的铁。

胎教卡片：胎宝宝学图形（2）

今天要学一个特别的图形——心形。画一颗大大的“爱心”，来表达对胎儿浓浓的爱意吧！

学习图形的方法跟前面学习数字、字母等方法基本相同。准妈妈要集中精神，全神贯注地注视胎教卡片上的图形，同时用手指在卡片上描摹，将这个形状印入脑海里，形成立体的影像传递给胎儿。准妈妈和准爸爸一人伸出一只手，试试看，你们的手也能拼出一个完整的心形呢，就让这颗汇集了父母之爱的心深深印在胎儿的脑海中吧！

再找找看，和卡片上这个图形一样的东西还有哪些？心形的发卡、心形的抱枕、衣服上的心形图案、心形的蛋糕……就用这些实物来加深胎儿对心形的印象吧！

睡前故事：童话《爱美的小公鸡》

小公鸡，真神气，戴着小红帽，穿着花花衣。“喔喔喔，看我多美丽！”

有一天大清早，小公鸡跑啊跑，跑到树林里，碰见啄木鸟。“啄木鸟阿姨，啄木鸟阿姨，瞧瞧我的小红帽，瞧瞧我的花花衣，喔喔喔，谁也不能比！”“嘿嘿嘿，小公鸡，别夸口，树林里面走一走，看看哪个美、哪个丑！”

小公鸡不服气，拍拍翅膀往前走，碰见蜜蜂在采蜜。“小蜜蜂，小蜜蜂，咱们比一比，到底谁美丽！”小蜜蜂微微笑：“我啊，忙着采蜜，你去跟别人比吧！”

小公鸡脸一红，拍拍翅膀往前走，碰见青蛙在捉虫。“小青蛙，小青蛙，到底谁美丽，咱们比一比！”小青蛙叫呱呱：“我啊，忙着捉害虫，你还是跟别人去比吧！”

小公鸡挺生气，拍拍翅膀往前走，碰见兔子在挖地。“小兔子，小兔子，咱们比一比，到底谁美丽！”小兔子摆摆手：“我啊，忙着种萝卜，你没事，你快走！”

小公鸡发了火，拍拍翅膀往前走，碰见松鼠摘松果。“小松鼠，小松鼠，到底谁美丽，咱们比一比！”小松鼠笑哈哈：“我啊，忙着摘松果，你东游西荡在干啥？”

小公鸡泄了气，拖着尾巴往前走，碰见白马背东西。“白马哥，白马哥，瞧我长得多美丽，可是谁也瞧不起！”白马笑眯眯，告诉小公鸡：“小红帽，花花衣，没有什么了不起，哪个爱劳动，才是真美丽！”

小公鸡从此早早起，早起喔喔啼，告诉大家天亮了，大家都欢喜。小公鸡从此再不说“瞧我多美丽”，可是大家都夸它是：美丽的小公鸡！

音乐胎教：欣赏经典民乐《彩云追月》

《彩云追月》这首乐曲准妈妈一定不会陌生，它是一首民族管弦乐曲，曾被改编为不同版本的歌曲，广为传唱。准妈妈不妨随着熟悉的音乐哼唱。

《彩云追月》乐曲旋律具有民族色彩，简单流畅，通过各种乐器的细腻编配，以轻快的节奏，形象地描绘了浩瀚夜空的迷人景色，表现了云与月追逐、嬉戏的场景和夜晚安静、恬淡的意境。

《彩云追月》乐曲悠扬婉转的旋律很适合准妈妈在睡前欣赏，它优美抒情的曲调和唯美的夜空画面感能消除准妈妈的疲乏，帮助缓解紧张了一天的情绪，也带准妈妈和胎宝宝一起充分体验轻松柔美的音乐境界，帮助准妈妈安眠。

如果准爸爸会唱这首歌，那就唱给胎宝宝和准妈妈听吧。不仅因为胎宝宝对男性低频率的声音敏感，更重要的是准爸爸参与胎教，能让准妈妈感觉受到重视与疼爱，准妈妈的愉悦能轻松带动胎宝宝愉快的心情，对于塑造胎宝宝开朗的性格非常有益。因此，准爸爸在胎教中所扮演的角色至关重要。

语言胎教：朗诵诗歌《摇篮歌》

摇篮歌

春天的花香真正醉人，
一阵阵温风拂上人身，
你瞧日光它移得多慢，
你听蜜蜂在窗子外哼：
睡呀，宝宝，
蜜蜂飞得真轻。

天上瞧不见一颗星星，
地上瞧不见一盏红灯；
什么声音也都听不到，
只有蚯蚓在天井里吟：
睡呀，宝宝，
蚯蚓都停了声。

一片片白云天空上行，
像是些小船飘过湖心，
一刻儿起，一刻儿又沉，
摇着船舱里安卧的人：
睡呀，宝宝，
你去跟那些云。

不怕它北风树枝上鸣，
放下窗子来关起房门；
不怕它结冰十分寒冷，
炭火生在那白铜的盆：
睡呀，宝宝，
挨着炭火的温。

作者朱湘，是中国现代诗坛上的重要诗人，被鲁迅称为“中国的济慈”。《摇篮歌》是朱湘创作的一首现代诗，写的是母亲哄宝宝入睡的情景，表达了对母爱的讴歌和对美满生活的追求。诗人以春天、云彩、蜜蜂、蚯蚓、鸟鸣等众多意象，渲染出母亲那深沉而细腻的爱。全诗意象清新，音律婉转，音节流畅，节奏轻缓，是一支用文字谱曲的甜美动听的催眠曲。准妈妈可以在酣睡之前，读读这首诗，不仅能更快入睡，还能让宝宝感受到温暖和安详。

国学胎教：讲故事《愚公移山》

古时候，有一位老人，名叫愚公。他家门口有两座山，愚公和家人每次出门都要绕行，十分不方便。

有一天，愚公对家人说："这两座山挡在了我们家门口，出去要绕很远的路才行。我们不如将这两座山搬走，你们觉得怎么样？"家人都连连点头说："好啊，就这么办！"第二天，愚公带着家人，扛着锄头，背着背篓，开始搬山。

有一位叫智叟的老头路过，不禁嘲笑他们。智叟对愚公说："你这么大岁数了，走路都不方便，怎么可能搬走两座大山？"愚公说："你的名字叫智叟，可是你并不聪明。我是老了，但是我还有儿子，儿子又生孙子，孙子又生儿子，子子孙孙，一直传下去，山的大小不会变，只要我们坚持一下，每天搬走一点儿，总有一天会把大山搬走。"智叟无语，摇摇头走了。

就这样，愚公带着家人，不畏风雨，不论早晚，每天坚持搬山。后来，他们的事迹感动了天帝，天帝派天神搬走了愚公家门口的两座山。从此，敢想敢干、坚持不懈的愚公精神也流传了下来。

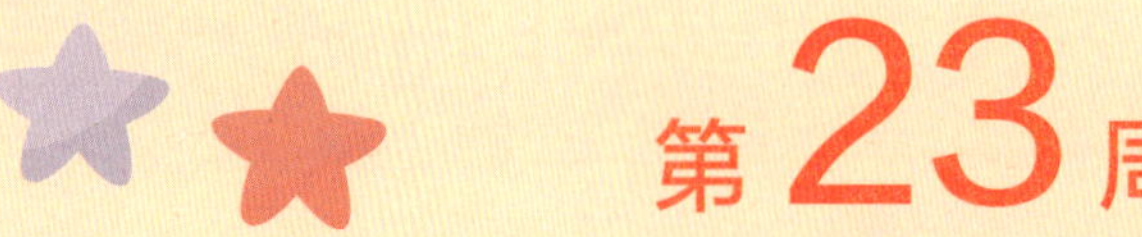

第23周
长成一个健壮的小宝宝

本周，胎儿的骨骼和肌肉已经长成。这个阶段，胎儿肺中的血管还在形成，呼吸系统正在快速地建立，为了锻炼呼吸能力，他在不断地进行着吞咽动作。

视网膜成形，能看见东西了

这一周，胎儿能模糊地看见东西了，他的视网膜已形成，因而具备了微弱的视觉。另外，嘴唇、眉毛和眼睫毛已各就各位，清晰可见。激素的分泌也正在稳定的发育过程中。

胎儿的肤色与血液颜色相似

胎儿的皮肤看上去还是红红的、皱皱的，这种颜色其实是透过皮肤看到的血管里血液的颜色，现在最细小的血管——毛细血管开始生长，当血液流进这些血管时，胎儿的皮肤会呈现红色或粉红色。

准妈妈成为真正的“大肚婆”

这个时期，准妈妈会发现自己的乳房、腹部的妊娠纹增多了，大腿上也出现了淡红色的纹络，甚至耳朵、额头或嘴巴周围也生出小斑点来，下腹和外阴的颜色似乎比以往加深了些。准妈妈这时变成了一个真正的“大肚婆”，肚子不仅大了，而且食欲也非常好，所以准妈妈一定要好好利用这段时间，加强营养，增强体质。

语言胎教：朗诵诗歌《笑》

林徽因的诗歌《笑》描绘了一个灿烂无比、甜美绝伦的笑。读到这样美丽的文字，准妈妈的脸上是不是也会情不自禁地露出一个笑容？就像水的波纹荡漾开，流淌到心间。将这个笑容从心底传递给胎宝宝吧，准妈妈幸福的笑容将感染周围的一切，准妈妈的快乐也将是胎宝宝生长的动力。

笑

笑的是她的眼睛，口唇，
和唇边浑圆的旋涡。
艳丽如同露珠，
朵朵的笑向，
贝齿的闪光里躲。
那是笑——神的笑，美的笑：
水的映影，风的轻歌。

笑的是她惺忪的鬈发，
散乱的挨着她的耳朵。
轻软如同花影，
痒痒的甜蜜，
涌进了你的心窝。
那是笑——诗的笑，画的笑：
云的留痕，浪的柔波。

音乐胎教：欣赏古琴曲《渔樵问答》

《渔樵问答》描述的是一个渔夫和一个樵夫聊天儿的情景，充满了自然的韵味。通过渔樵在青山绿水间自得其乐的情趣，表达出对追逐名利者的鄙夷。《渔樵问答》反映的是一种隐逸之士对渔樵生活的向往，希望摆脱凡尘俗事的羁绊。音乐形象准确、生动，近百年来广为流传。《渔樵问答》采用渔夫和樵夫对话的方式，用上升的曲调表示问，下降的曲调表示答。乐曲开始的曲调悠然自得，表现出一种飘逸洒脱的格调，上下句的呼应充分展现了渔樵对答的情趣。主题音调变化发展，并不断加入新的音调，刻画出豪放不羁、潇洒自得的性格。

这首曲子有一定的隐逸色彩，能引起人们对渔樵生活的向往，但此曲的深意，应是“古今多少事，都付笑谈中”，及“千载得失是非，尽付渔樵一话而已”。兴亡得失这一千载厚重的话题，被渔夫、樵夫的一席对话解构于无形，这才是乐曲的主旨所在。

《渔樵问答》是一首琴歌，由琴伴唱。即使不会唱，准妈妈也可以欣赏一下歌词。

渔问樵曰："子何求？"

樵答渔曰："数椽茅屋，绿树青山，时出时还；生涯不在西方，斧斤丁丁，云中之峦。"

渔又诘之曰："草木逢春，生意不然不可遏；代之为薪，生长莫达！"

樵又答之曰："木能生火，火能熟物，火与木，天下古今谁没？况山木之为性也，当生当枯；伐之而后更夭乔，取之而后枝叶愈茂。"

渔乃笑曰："因木求财，心多嗜欲；因财发身，心必恒辱。"

樵曰："昔日朱买臣未遇富贵时，携书挟卷行读之，一旦高车驷马驱驰，刍荛脱迹，与子岂有不知？我今执柯以伐柯，云龙风虎，终有会期；云龙风虎，终有会期。"

樵曰："子亦何为？"

渔顾而答曰："一竿一钓一扁舟；五湖四海，任我自在遨游；得鱼贯柳而归，乐觥筹。"

樵曰："人在世，行乐好太平。鱼在水，扬鳍鼓鬣受不惊；子垂陆具，过用许机心，伤生害命何深！？"

渔又曰："不专取利抛纶饵，唯爱江山风景清。"

樵曰："志不在鱼垂直钓？心无贪利坐家吟；子今正是岩边獭，何道忘私弄月明？"

渔乃喜曰："吕望当年渭水滨，丝纶半卷海霞清；有朝得遇文王日，载上安车赍阙京；嘉言谠论为时法，大展鹰扬致太平。"

樵击担而对曰："子在江兮我在山，计来两物一般般；息肩罢钓相逢话，莫把江山比等闲；我是子非休再辩，我非子是莫虚谈；不如得个红鳞鲤，灼火薪蒸共笑颜。"

渔乃喜曰："不惟莘老溪山；还期异日得志见龙颜，投却云峰烟水业，大旱施霖雨，巨川行舟楫，衣锦而还；叹人生能有几何欢。"

睡前故事：童话《月亮姑娘做衣服》

夜晚，月亮姑娘出来了。她身材苗条，细细的、弯弯的，好像小姑娘的眉毛。凉风吹得她有点冷，她就撕了一块云彩裹在身上。月亮姑娘想：好冷啊！我还是找一位裁缝师傅做一件衣服吧！

裁缝师傅给她量了尺寸，让她五天以后来取新衣服。

过了五天，月亮姑娘长胖了一点儿，好像弯弯的镰刀。她来取衣服了，衣服做得真漂亮，可惜有点小了。月亮姑娘把新衣服穿在身上却连扣子也扣不上。

裁缝师傅决定给她重做一件，于是重新量了尺寸，让她再过五天来取。

五天又过去了，月亮姑娘又长胖了一点，弯弯的像只小船。她来取衣服，衣服做得更漂亮了，可惜这次的新衣服还是太小了，她连套都套不上。

裁缝师傅涨红了脸，说："我只好再重做了，五天后来取吧。"

又是五天过去了，月亮姑娘来取衣服。裁缝师傅看到月亮姑娘圆圆的，像一只圆盘一样，大吃一惊，说："啊，你又长胖了！"

裁缝师傅叹了口气，对月亮姑娘说："唉！你的身材变化太快了，我没法给你做衣服了。"原来，月亮姑娘每天都在变化，所以她到现在还穿不上合身的衣服。你看，白天太阳公公出来的时候，她都不好意思出来，只有在晚上才悄悄地露面。

今天的月亮姑娘是什么样的呢？快看看窗外给胎宝宝讲一讲吧！告诉胎宝宝自然界中的很多事物是不断变化的，细心观察，积极思考，就能找到规律。

还可以给胎宝宝念一个有关月亮的谜语童谣。

月　亮

有时落在山腰，
有时挂在树梢。
有时像个圆盘，
有时像把镰刀。

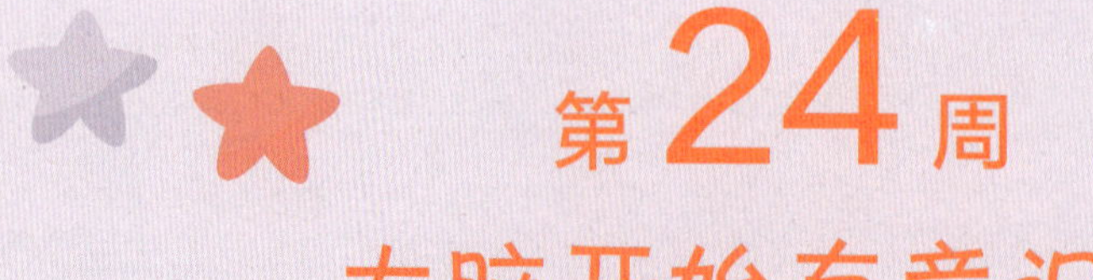

第24周 大脑开始有意识了

本周，胎儿的身体变得更大、更丰满，几乎占据了整个子宫腔。面部已大致发育完成，双眼距离近了一些，但仍然紧闭着。

大脑对来自感官的信号开始有意识

此时，胎儿大脑内部的数百万个神经正在发育，并连接成形；神经细胞数量已与成年人基本相同；脊髓神经周围开始形成一个鞘，以避免神经受损害。此外，大脑脑电波开始对视觉和听觉系统有反应，大脑开始有意识了。但是和其他所有系统一样，大脑的这种意识还需要更多地锻炼，可以通过多和胎儿说话、唱歌等方式进行。

棕色脂肪沉积在身体各部分

现在，棕色脂肪已经开始沉积在颈部、胸部和大腿两侧，并将一直持续到足月。这种特殊的脂肪组织是为了使身体产生热量、维持体温而产生的。胎儿的骨骼已经相当结实，胎心音变得越来越强。

准妈妈体重明显增加

本周，准妈妈的体重明显增加，肚子大得引人注目，可以感觉到子宫已超过肚脐，达到肚脐往上5厘米的地方。乳房也明显增大、隆起，已接近典型的孕妇体形。从这时起，准妈妈会进入非常容易疲劳的阶段。由于长大的子宫压迫各个部位，导致下半身的血液循环不畅，因而格外容易疲劳，并且疲劳感很难消除。同时，由于支撑身体的双腿肌肉疲劳加重，隆起的腹部压迫大腿的静脉，会使腿部出现抽筋或麻木等症状。

胎教卡片：胎宝宝学汉字（2）

和胎儿打个招呼，振奋精神，继续胎教卡片的学习。今天要学的是“心”字，用心学习，用心爱宝宝吧！

这个“心”字，它的形状很独特，准妈妈要按照顺序，细心地描摹，告诉胎儿它是怎么写的，仔细体会并将写字的整个过程印在脑海中。然后，联想一下代表这个字的图形，我们之前学过的“心形”还记得是什么样子吗？还有什么事物能够和“心”联系在一起吗？“爱心卡片”“心心相印”……联想越多，越能加深胎儿对这个字的印象。

准妈妈可以通过一些词来强化对“心”字的认识。比如，可以将手放在“心脏”的位置，感受着心的跳动，然后对胎儿讲：“这个部位就是心脏，我们每个人都有的，它是身体非常关键的一部分。你也有心脏哟，妈妈每次去医院检查都能听到你的小心脏在怦怦地跳动，而且跳得很健康，你在妈妈肚子里也能听到妈妈心脏的跳动。”

虽然这个字很抽象，但是加上这样的讲解，“心”这个字会更鲜明，在准妈妈脑海中的印象会更深刻，胎儿也更容易接受。

准爸爸胎教：读《三字经》（1）

《三字经》是中国传统启蒙读物中最浅显易懂的读本之一，千百年来，家喻户晓，内容涵盖了历史、天文、地理、道德以及一些民间传说。所谓“熟读《三字经》，可知千古事”，所以，准爸爸在孕期可以经常给胎宝宝读一读，一方面让胎宝宝熟悉爸爸的声音，另一方面得到中国传统文化的熏陶。准爸爸可以边读原文，边解释，让胎宝宝更好地理解。

三字经（节选1）

人之初，性本善。性相近，习相远。
苟不教，性乃迁。教之道，贵以专。
昔孟母，择邻处。子不学，断机杼。
窦燕山，有义方。教五子，名俱扬。
养不教，父之过。教不严，师之惰。
子不学，非所宜。幼不学，老何为。
玉不琢，不成器。人不学，不知义。
为人子，方少时。亲师友，习礼仪。

三字经（节选1）释义

宝贝，古时候的小朋友都是读着《三字经》长大的！

每个人在刚出生的时候，都是善良的，只是随着后天生长环境和所受教育的不同，他们的习性才有了改变。如果从小不好好地接受教育，善良的本性就可能丢掉。要想守住善良的本性，最重要的教育方法就是专心致志地教育。

战国时，孟子的母亲为了让孟子有一个好的学习环境，曾搬了三次家。一次，孟子逃学，孟子的母亲就折断织布的机杼，教育他学习不能半途而废。五代时，燕山人窦禹钧教育孩子很有方法，他教育的五个儿子，后来都科举成名了。

只给孩子吃穿，而不好好教育，是父母的过错。只是教育，但不严格要求是老师的懒惰失职。小孩子不肯好好学习，是很不应该的。一个人小时候不好好学习，到老的时候既不懂做人的道理，又没有知识，能有什么作为呢？

玉不经过打磨，不能成为精美的器物。同样，一个人不学习，就不懂得礼仪，不能成材。做儿女的，从小时候起，就要亲近老师和朋友，从他们那里学习为人处世的礼节和知识。

音乐胎教：欣赏音乐《森林水车》

《森林水车》是一首著名的轻音乐曲，它旋律优美而活泼，深受人们喜爱。同时，它也是一首不错的胎教乐曲。整部乐曲采用回旋曲曲式。音乐开始，随着伴奏模仿出小溪的潺潺流水声和小鸟的鸣叫声，主题慢慢展开，以流畅的旋律描绘了一幅宁静的森林美景。随后，乐曲进入回旋曲主题，在模仿水车转动的声响后，第一个回旋曲主题以轻快活泼的节奏呈现出来，它使人联想到水车轮飞溅着水花快活旋转的情景。乐曲的第二主题和第三主题同样明快、活跃，最后在愉快而热烈的气氛中结束全曲。

听音乐的时候，准妈妈可以小声告诉胎儿："宝宝，听，这是小溪流水的声音，这是水花飞溅的声音……"保持这样的互动，可以让胎儿更好地欣赏乐曲，刺激胎儿的反应灵敏度，同时激发胎儿愉悦的情绪。

《森林水车》的作者是德国作曲家理查德·艾伦贝格，他是现代轻音乐的创始人之一。主要作品是进行曲和舞曲，也有多部喜剧、歌剧及舞剧。艾伦贝格写过的作品很多，这首《森林水车》流传最广。

据说，艾伦贝格有一次在乡间森林中游玩，听到水车那富有节奏的声音，灵感忽至，于是谱写了这首著名的乐曲。乐曲展现的美丽大自然可以让准妈妈的身心得到放松，并能产生美好的联想，有利于胎儿的健康发育。

对话胎儿：分享大自然、念儿歌

准妈妈最好利用每天下午的时间外出散步。可以去公园、植物园和动物园，和胎儿一起去看湖中的野鸭和天鹅，一起享受日光浴，这将是十分愉快的时光。一边散步，一边可以给胎儿介绍人们生活的情况、居住的环境、公共设施、不同季节里自然界的变化、动植物的生态情况等。

为扩大学习范围，每次最好都稍微改变一下散步的路线。这样眼前出现的事物也不会一成不变，从接触的人、装饰、橱窗里的商品、不同颜色的画、变幻的天空等事物中，发现一些新鲜有趣的东西，讲给胎儿听。

散步的时候还可以给胎儿说一说关于大自然的歌谣，让胎儿认识认识这些可爱的小伙伴！

小燕子

小燕子，造房子。
要衔多少泥？
要飞多少里？
没人催，没人逼，
一口一口不容易，
燕子垒窝有志气。

树　叶

二月三月，树叶青绿。
五月六月，树叶浓密。
七月八月，树叶哗啦。
九月十月，树叶飘啦。
等到落光，冬天到啦！

孕7月

多元内容，让胎教更精彩

第25周 胎儿开始长出细细的毛发

进入第25周，胎儿已经整整度过了6个月的时光，长成了一个健壮的小家伙。现在，他的身体比例很匀称，皮肤仍然薄而皱。胎儿的味蕾正在形成，也许已可以品尝出食物的味道了。胎儿不仅全身覆盖了一层细细的绒毛，而且头发的颜色和质地也有所显现。

大脑发育进入又一个高峰期

这一周，胎儿的大脑细胞迅速增殖分化，体积增大，他的脑电波图像也和足月出生的宝宝相像，同时大脑半球的划分仍在继续。大脑发达起来了，胎儿的动作也越来越频繁，越来越剧烈，准妈妈甚至一整天都能断断续续地感受到胎动。胎儿的视觉也有了发展，眼睛已经能够睁开了。另外，胎儿现在有痛感了。尽管如此，胎儿现在还没有完全具备在母体外生存的适应能力，若在此时出生，往往会因为发育不良而不易存活。

准妈妈腹部愈加沉重

这一周，准妈妈的子宫大约有足球大小，可以感觉到子宫的顶部在肚脐至胸骨的中间。由于胎儿体重增加，准妈妈的腹部愈加沉重，腹部隆起更加明显。有些准妈妈还会发现自己的身体出现了一些暗红色的妊娠纹。

特别提醒

这一周，要把抚摩胎教进行下去，但抚摩胎宝宝要注意以下几点：

1. 抚摩的时间不宜过长，每天做2～3次，每次5分钟左右。
2. 动作要轻柔，不可用力。
3. 抚摩时，如果遇到胎儿“拳打脚踢”应马上停止，可能预示着宝宝不舒服了。
4. 有习惯性流产、早产史、产前出血及早期宫缩者，不宜进行抚摩胎教。
5. 如果出现了不规律宫缩，不宜再进行抚摩胎教，以免引起早产。

胎教卡片：胎宝宝学算术（1）

就像学习数字、图形一样，准妈妈也可以用胎教卡片教胎儿学算术，通过深刻的视觉印象，将知识传递给胎儿。

“1”和“2”这两个数字在前些时候已经学习过了，在学习算术之前，可以先把这两个数字复习一下，加强胎儿的记忆。最好的学习算术的方法，就是将胎教卡片和实物结合起来。比如，可以对胎宝宝说：“妈妈手里有一个苹果，然后再从篮子里拿出来一个苹果，现在妈妈手中有几个苹果呢？”准妈妈要把注意力集中在眼前的苹果和算式上，和胎儿一起思考，不要直接回答“两个”。准妈妈可以多用一些实物，多举一些例子，让胎儿的印象更深刻。

1+1=2

睡前故事：童话《聪明的乌龟》

一只狐狸肚子饿得咕咕叫，正东瞅瞅西瞧瞧地找东西吃。它看见一只青蛙正在捉害虫，心里想：我先拿这只青蛙当点心，填填肚子也好。狐狸小心翼翼地一步一步走过去，再走两步就捉到青蛙了。可是，青蛙正在捉害虫，一点儿也没有察觉到。

这一切让乌龟看见了，它急忙伸长脖子，一口咬住狐狸的尾巴。“哎哟，哎哟，谁咬我的尾巴？”狐狸叫了起来。乌龟回答了吗？当然没有，它要张嘴说话不就放了狐狸了吗？乌龟不说话，一个劲儿地咬住狐狸的尾巴不放。青蛙听见背后狐狸的叫声，就连蹦带跳地来到池塘边，扑通一声跳到水里了。

狐狸没吃到青蛙，气坏了，回过头来一看：“啊，原来是一只乌龟。我没吃到青蛙，吃乌龟也行。”乌龟可聪明了，把头一缩，缩到自己的硬壳里了。狐狸没咬到它的头，就去咬它的腿，乌龟又把四条腿一缩，缩到硬壳里了。狐狸没咬着它的腿，一看还有条尾巴，就去咬它的尾巴。乌龟再把小尾巴一缩，也缩到硬壳里了。狐狸实在饿极了，就去咬乌龟的硬壳，咯嘣，咯嘣，咬得牙齿都发酸了，还是咬不动。

狐狸说：“乌龟，乌龟，我要把你扔到天上去，啪嗒一下摔死你。”乌龟说：“谢谢你，谢谢你，你扔吧，我正想到天上去玩玩呢！”狐狸说：“乌龟，乌龟，我要把你扔到火盆里去，呼哧一下烧死你。”乌龟说：“谢谢你，谢谢你，你扔吧，我身上发冷，正想找个火盆来烤烤火呢！”狐狸说：“乌龟，乌龟，我要把你扔到池塘里去，扑通一下淹死你。”乌龟听到狐狸这么一说，哇的一声哭了：“狐狸，狐狸，你行行好，千万别把我扔到池塘里去，我最怕水，掉进水里就没命了！”狐狸才不理乌龟的央求呢，抓起它的硬壳，走到池塘旁边，扑通一声，把乌龟扔到水里去了。

乌龟下了水，就伸出四条腿来，划呀，划呀，一直划到青蛙身边。两个好朋友，一边笑一边说：“狐狸，狐狸，你还想吃我们吗？请呀，请呀！”狐狸气昏了，身子一纵，向青蛙和乌龟扑去，扑通一声掉到池塘里去了。青蛙和乌龟看见水面上冒了一阵气泡，之后就再没看见狐狸浮出水面来。

音乐胎教：欣赏名曲《糖果仙子舞曲》

《糖果仙子舞曲》是著名芭蕾舞剧《胡桃夹子》中的舞曲，其作者是19世纪俄罗斯作曲家、音乐教育家，被誉为“俄罗斯最伟大的音乐家”的柴可夫斯基。

《胡桃夹子》是世界上最优秀的芭蕾舞剧之一。它描写了这样一个故事：圣诞节，小姑娘玛丽得到了圣诞礼物——一只胡桃夹子。夜晚，她梦到这只胡桃夹子变成了一位王子，领着她的一堆玩具与老鼠兵作战，后来又把她带到糖果王国，受到糖果仙子的欢迎，享受到了玩具、舞蹈和盛宴的快乐。

《胡桃夹子》之所以能吸引千千万万的观众，一方面是由于它有华丽壮观的场面、诙谐有趣的表演，特别是第二幕的插曲，以西班牙舞代表巧克力，以阿拉伯舞代表咖啡，以中国舞代表茶，生动有趣。另一方面更重要的是柴可夫斯基的音乐赋予舞剧以强烈的感染力，全曲最美妙之处正是《糖果仙子舞曲》中钢片琴的独奏。

《糖果仙子舞曲》表现的是玛丽和王子来到糖果王国的情节，糖果仙子和所有的角色用各种嬉游性的舞蹈来迎接他们。柴可夫斯基从当时刚刚发明的钢片琴上找到了最适于表现这种糖果带有黏性的音响效果，第一次把钢片琴融入交响乐队中，获得了一种极为可贵的色彩效果。

这首乐曲音调既甜美又清脆，富于童话色彩。准妈妈听着乐曲，可以想象糖果王国的晶莹夺目和五彩缤纷，想象美丽的糖果仙子正在愉快地跳舞，为胎宝宝编织一个如梦似幻的世界，带他进入无限的想象空间。

准妈妈动动脑：智力游戏（2）

霸王的秘密

楚霸王项羽被刘邦打得大败，独自逃到了乌江边。突然，他发现岸边的一块大石碑上写着“霸王乌江自刎”六个大字。他走上前一看，原来这六个字是由无数蚂蚁组成的。项羽大惊：蚂蚁写字，这不是老天要我死吗？天意难违啊！绝望之下，项羽真的拔剑自刎了。其实，项羽上当了。你能想到其中的秘密吗？

（答案：石碑上的字，是刘邦的手下事先用蜜糖写的。蚂蚁爬满了涂蜜糖的地方，就组成了六个大字。项羽见了误以为是老天的安排，结果中计了。）

父亲的疑问

小孩子向父亲提出问题：“一只28千克，两只也28千克的是什么？”父亲百思不得其解。你知道是什么吗？

（答案：称体重时，一只脚站着跟两只脚站着，重量一样，都是28千克。）

淋不着雨

有一位大师武功了得，他在下雨天不带任何防雨物品出门，全身都被淋湿了，可是头发却一点儿没湿，这是怎么回事呢？

（答案：大师是光头，没有头发。）

遗产

一天，一位年轻的妇女慕名来找警长，说了这样一件事：“我伯父单身一人，他的财产约10万元，换成现金和宝石，保存在银行的金库里。然后他把钥匙留给我，并且留下遗嘱，他死后遗产将由我继承。上个月，伯父病故，我到银行去取遗产，金库中只放着个信封。”说着，她从手提包中拿出那个信封。这是一个极为普通的信封。上面贴着两枚陈旧的邮票，没有收信人的姓名、地址。警长把信封拿到窗前明亮处对着光线照看，一无所获。警长沉思片刻，问道：“你伯父有什么特别的嗜好和古怪的性格吗？”“我不太了解，只记得伯父喜欢读推理小说。”“原来如此，小姐，请放心，你的遗产安然无恙。”警长笑着说。那么，10万元的遗产在哪里呢？

（答案：遗产是两枚邮票。）

第26周 胎宝宝会转身啦

本周，胎儿的体重将继续增加。从现在开始到出生前，胎儿的脂肪开始迅速累积，体重会增加3倍以上。此时胎儿大脑更加发达，胎动更加有规律，而且多样，胎儿不仅会手舞足蹈，而且还能转身。

听觉器官发育成熟

这一周，胎儿的听觉器官发育成熟，此时耳朵的结构基本上和出生时相同，只有中耳的鼓室与乳突部分要到出生时随着他的哭叫与呼吸才能发育完成。从这一周起，胎儿的耳朵具有了接收声波并将声波的“机械振动能”转换为“神经冲动”的能力，他的传音系统完成，对声音的反应更加灵敏，由声音引起的反应也更强烈。

肺部正在发育

胎儿的肺部也正在发育，开始有了呼吸动作，但是肺部尚未发育完全，只是继续在羊水中小口地呼吸，为出生后第一次呼吸空气打好基础。

准妈妈要均衡饮食，控制体重

均衡饮食不仅是准妈妈和胎儿健康的保证，而且这将对胎儿出生后的饮食习惯起到很好的引导作用。主食粗细搭配，每天要保证一定量的蔬菜、水果。由于胎儿的味觉正在稳步地发挥作用，准妈妈的饮食结构会通过神经在胎儿的大脑里留下深刻的印象，这种印象会左右胎儿出生后对食物的选择和接受程度。

音乐胎教：欣赏名曲《田园交响曲》

《田园交响曲》是德国作曲家贝多芬的F大调第六号交响曲，其灵感来自大自然，是贝多芬最受欢迎的交响乐之一，是他少数的各乐章均有标题的作品之一，也是他九首交响乐作品中最具有故事性、情节性的一部音乐作品。此时的贝多芬双耳已经完全失聪，这部作品正表现了他在这种情况下对大自然的依恋之情，是一部体现回忆的作品。这首作品在维也纳首演时，由贝多芬亲自指挥，在首演节目单上，他写道："乡村生活的回忆，写情多于写景。"

这部作品细腻动人，朴实无华，宁静而安逸。在优美动人的乐曲的伴随下，漫步欣赏那恬静的田园风光吧！儿时那散发着泥土芳香的田园小路是不是会勾起甜美的回忆？听这首乐曲，会感受到人与自然和谐统一的佳境，自然的千姿百态与音乐的宏伟互为映衬，仿佛看到一幅自然的美景！

准妈妈可以根据乐曲想象出一幅美丽的图画，感受身心舒展。也可以漫步于小区花园或是林荫小路时，听一听这首《田园交响曲》，充盈在耳朵里的大自然的声音和眼前大自然的美景会让你从心灵深处呼吸到那纯净清新的空气。又或者，在天气晴好的日子里，与准爸爸一起到郊外，看一看真正的田园风光，尽情感受乐曲带给你们的美好体验。

睡前故事：童话《狮子大王为什么不高兴》

一只松鼠快乐地在树枝上跳来跳去，一不小心，掉在一只正在树下睡觉的狮子身上。

狮子被吵醒了，非常生气地露出可怕的牙齿……小松鼠吓坏了，用发抖的声音请求狮子饶恕它。

狮子说："我饶了你也可以，不过得有个条件。你必须告诉我，为什么你们这些小动物总是这么快乐，我却总也快乐不起来。"

松鼠回答说："好的，我一定告诉您，不过，为了让您听清楚，您得同意让我回到树上去。"狮子同意了。

松鼠逃到狮子够不着的地方。松鼠说："狮子大王，你不快乐是因为你吃了太多的小动物，还总是欺负它们，大家都怕你、恨你。而我们，要忙着运送果子，帮助别的小动物，大家都喜欢我们。所以，我们很快乐。"

名画欣赏：《母与子》

从知道有个小生命在腹中孕育那刻起，所有的准妈妈都渴望早日享受哺育的幸福。

法国画家皮埃尔·奥古斯特·雷诺阿的名作《母与子》，描绘了丰满娇媚的年轻母亲怀抱娇儿哺乳的温馨情景。胖乎乎的婴儿酣畅地吸吮着母亲的乳汁，用手轻轻抓着小脚丫，年轻的乳母脸上自然流露的骄傲和安逸，深深打动了每一个看到这幅画的人。

准妈妈是否也会由此联想到宝宝出生后哺育的情景呢？

准爸爸胎教：读《三字经》（2）

三字经（节选2）

香九龄，能温席。孝于亲，所当执。
融四岁，能让梨。弟于长，宜先知。
首孝悌，次见闻。知某数，识某文。
一而十，十而百。百而千，千而万。
三才者，天地人。三光者，日月星。
曰春夏，曰秋冬。此四时，运不穷。
曰南北，曰西东。此四方，应乎中。
曰水火，木金土。此五行，本乎数。

三字经（节选2）释义

黄香9岁时就知道孝敬父母，冬天的时候，用身体替父亲暖被窝。孝顺父母是每个人都应当实行和效仿的。孔融4岁时就知道把大的梨让给哥哥和弟弟，自己吃小的，这种对兄弟尊敬友爱的道理，每个人从小就应该知道。

一个人首先要学的是孝敬父母、敬爱兄弟，其次应多见天下事，增长见识，学习算数，通晓文理，广其所学。一到十是基本数字，十个十是一百，十个一百是一千，十个一千是一万。

什么是“三才”呢？“三才”指的是天、地、人。什么是“三光”呢？三光就是太阳、月亮和星星。春、夏、秋、冬叫作四季。季节不断变化，春去夏来，夏去秋来，秋去冬来，冬去春又来，如此循环不停。

东、南、西、北，叫作“四方”。这四个方位，要有中央位置才能定下来。金、木、水、火、土，是古人所说的五行，这是根据一、二、三、四、五这五个数字及其组合变化而产生的，五行是中国古代用来指各种事物的抽象概念。

第27周 能够记忆听到的声音

本周，胎儿的身体已经大得快要碰到子宫壁了。现在，他的眼睛已经可以睁开和闭合了，也有了比较原始的睡眠周期，此时他对昼夜的分辨是靠激素来完成的，而且由于有了睡眠周期，他很可能已经会做梦了。

胎儿对声音有了记忆

这一周，胎儿的听觉得到了进一步发展，到下个月他的听觉几乎会完全形成。现在，胎儿已经开始记忆听到的声音了，准妈妈有节奏的心跳声是最先被他记忆存储的声音。

另外，准妈妈的腹壁变得更薄，外界的各种声音都可以传送到胎儿的耳朵里，等到出生时，他其实对这个世界的声音并不陌生了。

胎儿既然有了记忆能力，坚持胎教就显得更为重要，不妨多和胎儿交流，传递良好、积极、健康的信息，并适时穿插一些早教知识，可最大限度地开发胎儿的学习潜能。

准妈妈要关注胎动

由于这时的胎儿会频繁且有力地踢准妈妈的肚子，在里面上下不停地活动，所以准妈妈对胎儿的感觉会越来越强烈，并且还可以感觉到胎动的次数更多了。如果准妈妈发现胎动次数异常减少，要及时咨询医生。

准妈妈这个时期血压会有所上升，不过不用过于担心，这种现象一般都属正常。

由于日渐长大的子宫压迫，准妈妈的肺难以完全吸入并呼出空气，有的时候会感觉喘不上气来。这是孕中后期常见的反应，准妈妈不必惊慌，多去空气良好、环境优美的地方散散步，会逐渐适应现在的呼吸状况的。

特别提醒

这一周的音乐胎教，准妈妈不妨多听些音色优美悦耳、节奏平和柔缓、令人想象无边的乐曲，如巴赫的《B小调弥撒曲》、舒伯特的小提琴曲《小夜曲》；旋律轻盈明快、酣畅安详、可使心绪稳定的乐曲，如勃拉姆斯的《摇篮曲》、贝多芬的钢琴奏鸣曲《月光》第一乐章；旋律柔美活泼、明朗清新，有助于消除疲惫的乐曲，如维瓦尔第的小提琴协奏曲《四季》中的《春》。

语言胎教：赏读三首经典宋词

清平乐·村居

［宋］ 辛弃疾

茅檐低小，
溪上青青草。
醉里吴音相媚好，
白发谁家翁媪？
大儿锄豆溪东，
中儿正织鸡笼。
最喜小儿亡赖，
溪头卧剥莲蓬。

浣溪沙

［宋］ 晏　殊

一曲新词酒一杯，
去年天气旧亭台。
夕阳西下几时回？
无可奈何花落去，
似曾相识燕归来。
小园香径独徘徊。

如梦令·昨夜雨疏风骤

［宋］ 李清照

昨夜雨疏风骤，
浓睡不消残酒。
试问卷帘人，
却道海棠依旧。
知否，知否？
应是绿肥红瘦。

音乐胎教：欣赏小提琴协奏曲《四季》

安东尼奥·维瓦尔第是意大利著名的作曲家、小提琴家，他的小提琴协奏曲《四季》是巴洛克音乐最重要的代表作之一，而巴洛克音乐非常注重音乐形式上的表现和创造，特别能让准妈妈达到宁静、赏心和抒怀的境界，是特别合适的胎教音乐。

《四季》出自小提琴协奏曲集《和声与创意的尝试》当中的前四首。这四首作品分别被赋上了“春”“夏”“秋”“冬”四个标题。在这里重点推荐《春》和《秋》两个部分，供准妈妈在孕期欣赏。

《四季·春》

《四季·春》的第一乐章（快板）最为著名，乐曲着重展开轻快愉悦的旋律，使人联想到春天的郁郁葱葱。乐曲表现了春天或华丽洒脱或悠闲静谧的景象。让人仿佛看到了明媚的春光，听到小鸟的欢唱，感受到微风拂过清泉，转瞬又乌云笼罩、电光闪闪、雷声隆隆。继而是在鲜花盛开的草地上，在簌簌作响的草丛中，牧羊人在歇息，忠实的牧羊犬趴在一旁。忽然又是伴随着乡间风笛欢快的音响，在可爱春天的晴朗天空下，仙女们与牧羊人翩翩起舞……

在音乐声中，准妈妈仿佛能看到这样的情景：大地迎春、鸟儿歌唱、春雷隆隆、春雨沙沙，雨过天晴后，牧羊人在温暖的阳光下打盹儿……晴朗的天气，准妈妈还可以同胎儿出游踏青，让胎儿感受大自然的魅力。除了景色外，准妈妈还可以有意寻找一下自然界的各种声音，并和胎儿一起聆听，这将为胎儿敏锐的听觉打下良好的基础。

《四季·秋》

《四季·秋》描绘了农民们庆祝丰收的欢快景象，是一曲欢快舒畅的田园风乐曲。维瓦尔第用欢快活泼的曲调描绘了秋天的收获场面：农民们快乐饮酒、庆祝丰收的快活景象。维瓦尔第曾用短诗简单描述每一个乐章的音乐内容，在此准妈妈可以伴着音乐读读这些美妙的诗句，从而更好地欣赏这首乐曲。

《四季·秋》的第一乐章：农民们载歌载舞喜庆丰收，畅饮美酒纵情欢乐。

《四季·秋》的第二乐章：大地充满了欢乐，秋高气爽，诱人入眠。

《四季·秋》的第三乐章：晨曦初露，猎人们披挂号角与猎枪，手牵猎狗走出家门。猎枪鸣响，猎狗狂吠，惊恐的野兽纷纷逃遁。

准妈妈可以在秋天去田野中、麦田里感受一下秋风。哗啦、哗啦是跳动在人们收获后欢歌笑语中愉快的节奏，准妈妈可以将这份喜悦传递给腹中的胎儿，让胎儿在秋天里感受收获的美好。聆听这首乐曲，准妈妈很容易就能感受到那份收获的幸福和喜悦，而胎儿的顺利降生就是准妈妈最幸福的收获。那时候再听这首乐曲，相信更能激起准妈妈的心灵共鸣。

教胎宝宝认识四季

什么是四季？为什么有时候寒冷？有时候暖和？准妈妈可以把关于四季的童谣念给胎宝宝听，让他对四季有个初步的认知。

春天到了什么叫，叫得什么眯眯笑？
春天到了燕子叫，叫得桃花眯眯笑。
夏天到了什么叫，叫得什么脸发烧？
夏天到了知了叫，叫得石榴脸发烧。
秋天到了什么叫，叫得什么香气飘？
秋天到了大雁叫，叫得桂花香气飘。
冬天到了什么叫，叫得什么雪里俏？
冬天到了北风叫，叫得梅花雪里俏。

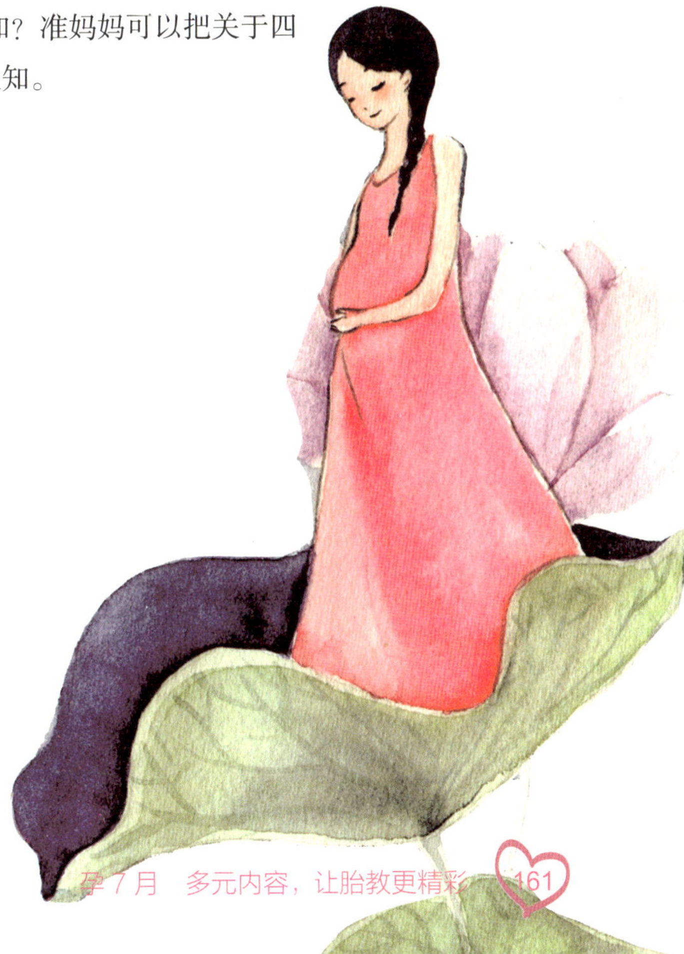

睡前故事：童话《雪花》

一片、两片、三片……一片片的白花花从天上飘下来。

白花花飘呀，飘呀，不一会儿工夫，大树上、屋顶上、大地上都盖满了一层白色。

小黄狗从屋子里跑出来，点点头说："汪汪汪，下糖啦，下糖啦，大家快来看呀！"

小花猫从屋子里跑出来，摇了摇尾巴说："喵喵喵，下盐啦，下盐啦，大家快来看呀！"

小黄狗说："汪汪汪，不是盐，是糖！"

小花猫说："喵喵喵，不是糖，是盐！"

说着说着，小花猫和小黄狗就"喵喵喵""汪汪汪"地争吵了起来：小花猫说是盐，小黄狗说是糖。

老母鸡听见了，就一步一摇地走过来，拍拍翅膀说："咕咕咕，你说是盐，它说是糖。是盐？是糖？让我尝一尝。"

老母鸡说着，就用嘴一啄一啄……从地上啄了些白花花尝了尝，睁圆了眼睛，伸了伸脖子说："咕咕咕，不是糖，不是盐，不甜也不咸，吃在嘴里冰冰凉！"

这时候，一个小男孩和一个小女孩从屋子里走出来，他们都穿着棉衣，戴着棉帽，穿着棉鞋。他们手拉手跑到院子里，乐呵呵地对小黄狗、小花猫和老母鸡说："雪下得这么厚了，我们大家一起来堆雪人吧！"

准爸爸胎教：说绕口令（2）

跟准爸爸一起读读好玩的绕口令，读着读着就很容易笑起来了，下面继续来学说绕口令吧。

师父四十四

山里有个寺，山外有个市，
弟子三十三，师父四十四。
三十三的弟子在寺里练写字，
四十四的师父到市里去办事。
三十三的弟子用了四十四小时，
四十四的师父走了三十三里地。
走了三十三里地就办了四十四件事，
用了四十四小时才写了三十三个字。

老龙和老农

老龙恼怒闹老农，
老农恼怒闹老龙。
农恼龙怒农更恼，
龙恼农怒龙怕农。

石、斯、施、史四老师

石、斯、施、史四老师，
天天和我在一起。
石老师教我大公无私，
斯老师给我精神粮食，
施老师叫我遇事三思，
史老师送我知识钥匙。
感谢石、斯、施、史四老师。

庙里住着俩老道

高高山上有座庙，
庙里住着俩老道。
一个年纪老，
一个年纪小。
庙前长着许多草，
有时候老老道煎药，
小老道采药；
有时候小老道煎药，
老老道采药。

第28周 胎儿的性格已有所显现

本周，胎儿几乎占据了整个子宫。随着活动空间越来越小，胎动也在减弱。胎儿大脑活动在27周时非常活跃，大脑皮层表面开始出现特有的沟回，脑组织快速地增长。除此之外，胎儿在这时已经长出了头发。

内脏形状和机能与成年人相似

现在，胎儿的内脏发育已经比较完善，通过B超检查心脏时，可以看到四个腔室，观察肺部时，可以看到横膈膜移动的样子，这是胎儿正在练习做一呼一吸的类似呼吸运动。这一周，胎儿的眼睛已经可以开合自如了。他的皮下脂肪层在继续积累。

胎动可以反映胎儿的性格

胎儿的性格在此时已有所显现，我们可以通过胎儿的胎动来了解其性格状况。不同的准妈妈对胎动的感受不尽相同。如果感觉胎动特别有规律，那么胎儿可能比较文静；如果感觉胎动频繁且没有什么规律，胎儿可能相对活泼好动，有的甚至非常淘气、调皮。

胎儿已具备多种令人惊异的感觉能力，比如味觉、听觉等，具有意识的初步形态，这些都是胎儿人格形成的基础。

准妈妈的体重增长

怀孕28周后，体重大约每周可增长500克。

如果连续数周不增重，表明胎儿生长发育缓慢，可能是准妈妈的不良饮食习惯所造成。

孕期体重增长过多、过快对准妈妈和胎宝宝也没有好处。体重增加超过平均值50%的准妈妈，易诱发妊娠高血压疾病、妊娠糖尿病、生殖和泌尿系统感染，所怀的胎宝宝往往过大。胎宝宝过大，容易出现宫内缺氧、胎位不正、早破水、难产等问题，导致准妈妈产道损伤、伤口愈合不良、新生儿产伤等情况，胎宝宝和新生儿的死亡率也明显增加。准妈妈如果孕期体重增长过多，分娩后体形也难以恢复。

胎教卡片：胎宝宝学数字（3）

今天我们要学习数字“3”了。准妈妈把“3”的形状和颜色从卡片上印入脑海里，手里拿着卡片认真地看，自由地联想。

准确清晰地读出这个数字“3”，用手指描摹这个数字，反复多次，然后展开想象：“3”的形状像什么呢？一只小耳朵、漂亮的门把手、蝴蝶的一扇翅膀、一块数字饼干……在房间里找找，或者闭上眼睛仔细想想，把能想到的都在脑海里细致地刻画出来。

生活中什么事物常以“3”的形式出现呢？对了，宝宝、妈妈、爸爸，就是一个幸福的三口之家！

数字歌

一二三，爬大山，
四五六，翻筋斗，
七八九，拍皮球，
伸出两只手，十个手指头。

准妈妈动动手：制作树叶画

天气好的时候，准妈妈可以去附近的公园，捡拾一些好看的树叶，用它们做一幅美丽的画。

把树叶平铺在桌上，挤出一些水彩颜料，根据树叶的具体颜色，可以选择黄、绿色；选择稍微粗一些的毛笔，沾湿后，浸一些颜料，涂抹在树叶上；颜料不宜太浓，水分大一些为宜。

准备一张水彩纸，将涂抹好颜料的树叶反扣在纸上，均匀地按平，拿掉树叶，一幅写意的树叶画就完成了。

语言胎教：朗诵诗歌《希望》

希　望

我从山中来，带得兰花草。
种在小园中，希望花开好。

一日望三回，望到花时过。
急坏看花人，苞也无一个。

眼见秋天到，移花供在家。
明年春风回，祝汝满盆花。

作者简介：胡适，著名思想家、文学家、哲学家。

音乐胎教：欣赏京剧《贵妃醉酒》

提到胎教音乐，准妈妈首先想到的就是古典音乐，其实中国的很多戏曲也是很好的胎教音乐。

中国古典戏曲是中华民族文化的一个重要组成部分，具有博大的内涵、悠长的韵味，以富于艺术魅力的表演形式，深受大众喜爱。从戏剧的形成到现在，经历了800多年繁盛不败，如今已有360多个剧种。

京剧是在北京汇聚、融合、发展而成的戏曲剧种之一，至今已有200年的历史。京剧艺术是中国文化的一朵奇葩，它集唱、念、做、打、舞为一体，通过表演手段叙演故事，刻画人物。舞台上，那清亮脱俗的嗓音和华美考究的服饰将东方艺术的唯美体现得淋漓尽致。唱词里，生、旦、净、末、丑的行当和喜怒哀乐的情感，又为我们讲述了一个又一个动人心弦的故事。

贵妃醉酒

相信很多准妈妈都知道《贵妃醉酒》这个曲目，这是以中国古代四大美人之一杨贵妃为原型而创作的京剧。

《贵妃醉酒》又名《百花亭》，源于乾隆时花部地方戏《醉杨妃》的京剧剧目。该剧经京剧大师梅兰芳倾尽毕生心血精雕细琢，加工点缀，成为梅派经典代表剧目之一。

《贵妃醉酒》讲的是：唐玄宗时，贵妃杨玉环深受宠爱，相约共饮百花亭。但玄宗爽约，玉环久候不至，询问太监高力士，方知玄宗已移驾西宫江妃处。杨玉环怨艾至甚，遂独酌豪饮，宣泄忧烦，终沉醉回宫。

这也是京剧最有名的一出“醉”戏，准妈妈可以从中欣赏到京剧的特色之美。

睡前故事：童话《找“帮助”》

有人告诉小女孩，“帮助”是一个很重要的东西。小女孩决定去寻找一个“帮助”。

小女孩觉得山羊很有学问，它应该有这个“帮助”。她去问山羊：“我要找一个‘帮助’，你能给我吗？”山羊说：“我没有‘帮助’，我们一起去野牛那里找，野牛很强壮，它也许会有‘帮助’。”

小女孩和山羊找到森林里的野牛，问它有没有“帮助”，野牛说：“我没有‘帮助’，我们一起去找猴子，它很聪明，也许会有‘帮助’。”

小女孩和山羊、野牛一起找到聪明的猴子，猴子说：“我也没有‘帮助’。”

这时候，暴风雨来了，又打雷又打闪。小女孩吓得发抖。山羊爷爷搂住小女孩，钻到野牛身子下面。猴子摘来许多叶子给大家挡雨。大家紧紧地靠在一起，既不感到害怕，也不感到寒冷。

暴风雨过去了，大家一起送小女孩回家，小女孩高兴地说：“我找到‘帮助’了。”

孕8月

准妈妈和胎儿一起学习成长

第29周 可以独立存活的小宝宝

这一周，胎儿的肌肉和肺部正在趋向成熟，皮下脂肪也初步形成，看上去圆润多了，不再像个皱巴巴的小老头儿。胎儿有了一定的生存能力，他的身体已经可以在良好的条件下独立存活。

头部继续增大

胎儿现在对外界的刺激反应更为明显，头部随着大脑的发育还在增大，他的大脑中正在生成数十亿个神经元，相对全身其他部位，头部还比较重。

各器官发育趋向成熟

胎儿皮肤的触觉已发育完全，有冷热感；能觉察明暗变化，对外界的刺激会做出不同的反应，眼珠可以在眼眶里转动；肺、肾、胃等重要器官已发育完成，但各脏器的功能还不健全。

好动的胎儿

现在胎儿的活动空间越来越小，但他还是比较好动，能够在子宫里不停地变换体位，有时头朝上，有时头朝下。

由于对声音已具有分辨能力，胎儿对不同的声音会产生不同的反应，并引起心率的变化，这时，胎动是判断胎儿健康状况的重要标志。

准妈妈要注意孕晚期不适

准妈妈的内脏被增大的子宫挤压，同时由于宝宝体积的增大，准妈妈可以注意到胎儿更细微的动作。准妈妈便秘、背部不适、腿肿及呼吸的状况可能会加重。正确的姿势、良好的营养及适当的锻炼和休息将会改善这些问题。

特别提醒

准妈妈散步时要注意：

1. 不要超过自身的锻炼需要。在怀孕期间，散步的目的是维持身体所需要的锻炼水平，而不是与其比赛，超出身体能够承载的范围。

2. 天气不好，比如特别炎热的时候，不要出去散步。

3. 听从身体的指挥。这不是在测试身体极限，散步运动要适度，口渴、疲劳或者头晕都会对胎儿不利。

准爸爸胎教：对对碰，考反应

都说“一孕傻三年”。准妈妈在孕期一定不要过于慵懒，让头脑过于放松，需要时常锻炼一下脑力。富有韵律的问答，是准妈妈和准爸爸的甜蜜互动游戏。准爸爸来问，考一考准妈妈的反应能力。

（一）

一边多，一边少，一打铅笔一把刀。
一个大，一个小，一个西瓜一颗枣。
一边多，一边少，一盒饼干一块糕。
一个大，一个小，一头狮子一只猫。
一边多，一边少，一摞书本一张报。
一个大，一个小，一棵松树一根草。
一边唱，一边跳，大小多少记得牢。

（二）

什么弯弯在天上？月亮弯弯在天上。
什么弯弯在两边？牛角弯弯在两边。
什么弯弯在脸上？眉眼弯弯在脸上。
什么弯弯在河边？杨柳弯弯在河边。

语言胎教：赏读三首写景的古诗

小池

[宋]杨万里

泉眼无声惜细流，
树荫照水爱晴柔。
小荷才露尖尖角，
早有蜻蜓立上头。

释义：

泉眼悄然无声像是舍不得细细的水流，树荫倒映水面是喜爱晴天柔和的风光。娇嫩的小荷叶刚从水面露出尖尖的角，早有一只调皮的小蜻蜓立在它的上头。

绝句

[唐]杜　甫

两个黄鹂鸣翠柳，
一行白鹭上青天。
窗含西岭千秋雪，
门泊东吴万里船。

释义：

两只黄鹂在翠绿的柳树间鸣唱，一行白鹭飞上蔚蓝的天空。窗外可以看到西岭上覆盖着终年不化的积雪，家门前停泊着从东吴远行而来的航船。

独坐敬亭山

[唐]李　白

众鸟高飞尽，
孤云独去闲。
相看两不厌，
只有敬亭山。

释义：

鸟儿们全都高飞远去，天空中最后一片白云慢慢地越飘越远。只有我和敬亭山相互默默看着，谁也不会觉得厌烦。

睡前故事：神话传说《盘古开天辟地》

很久很久以前，天和地还没有分开，宇宙混沌一片。有个叫盘古的巨人，在这混沌之中，一直睡了一万八千年。

有一天，盘古醒了。他见周围一片漆黑，就抡起一把巨大而锋利的斧头，使出浑身气力，大吼一声，奋力朝眼前的黑暗猛劈过去。

哗啦，一阵巨响过后，混沌一片的东西渐渐分开了。轻而清的东西，缓缓上升，变成了天空；重而浊的东西，慢慢下降，变成了大地。天空高远，大地辽阔。

但盘古没有被胜利冲昏头脑，他担心天和地还会重新合在一起。于是他叉开双脚，稳稳地踩在地上，双臂高举，用力顶住天空。然后施展法术，让身体一天天地增高。每当盘古的身体长高一尺，天空就随之增高一尺，大地也向下增厚一尺；每当盘古的身体长高一丈，天空就随之增高一丈，大地也向下增厚一丈。

经过一万八千年的努力，盘古变成了一位顶天立地的巨人，天空升得高不可及，大地变得厚实无比。不知又过了多少年，最终天不能再高了，地也不能再厚了，天和地终于成形了。这时，盘古已耗尽全身力气，累得倒了下去。他缓缓地睁开双眼，满怀深情地望了望自己亲手开辟的天地，从此，天地间的万物再也不会生活在黑暗中了。盘古长长地舒了一口气，慢慢地闭上了沉重的眼皮。

伟大的英雄虽然倒下了，但他并没有消失：他的左眼变成明亮的太阳，照耀大地；右眼变成皎洁的月亮，给夜晚带来光明；他的头变成三山五岳，给大地以雄壮；他的四肢变成擎天之柱，使人们不再担心天地重合；他的鲜血变成江河湖海，奔腾不息；他的肌肉变成千里沃野，供万物生存；他的毛发变成树木花草，供人们欣赏；他的牙齿变成石头和金属，供人们使用；他的精髓变成明亮的珍珠，供人们收藏；他的汗水变成雨露，滋润禾苗；他呼出的空气变成轻风和白云，汇成美丽的人间风光。

第30周 胎儿听力已很发达

这时，胎儿的听觉器官已经大致发育完成，经过几个月的训练，他应该已经非常熟悉准爸爸和准妈妈的声音了。由于子宫里无法呼吸到空气，所以胎儿的嗅觉器官要到出生后才能发挥作用。

羊水开始减少

本周，胎儿皮下脂肪继续增加。由于胎儿体型变大，子宫的空间显得越来越小，羊水也有所减少。胎儿头部还在增大，大脑和神经系统已经比较发达，发育的大脑向颅骨外推，同时也折叠形成更多的沟回。

感觉器官正稳定地发挥作用

胎儿能记住来自感觉器官的信息，并且感觉器官正准备处理这些信息。他的眼睛开始闭合自如，大概能够看到子宫中的景象；虹膜开始对光线的亮度有所反应，在模糊的光线环境中睁开眼睛，在明亮的光线环境下闭上眼睛，这就是瞳孔反射。

主要器官初步发育完成

胎儿的位置已相对固定了，不像以前一直自由转动。胎儿的主要器官已初步发育完毕，胃、肠、肾等的功能已达到出生后的水平，覆盖在皮肤上的细绒毛已消失，被胎脂取代，眼球表面的薄膜被眼睛吸收。

准妈妈要关注胎位

本周要注意的首要问题就是“胎位”。孕晚期胎儿在子宫内的正常姿势应该是头部朝下、臀部朝上，从而在分娩时使头部先娩出。胎位正常与否十分重要，它关系到分娩能否顺利进行。

孕28周前胎儿尚小，羊水相对较多，即使胎位不正，大多也能自行转正，但若在孕30周后仍胎位不正，就要在医生的指导下进行自我矫正。

胎教卡片：胎宝宝学算术（2）

现在这个阶段，准妈妈和胎儿的身体都已经非常稳定，是胎教最有效的时期。今天，让我们继续学习一个算式吧。

“1”“2”“3”这3个数字都已经熟悉了，那么它们之间有着怎样的联系呢？准妈妈要和胎儿一起思考，一起想象。

将实物与卡片联系起来，可以用身边的小物件举例，也可以用自己的手指示意。先伸出2根手指，问胎儿：“这是2根手指，妈妈再伸出1根手指，现在是几根手指？”接着，准妈妈可以一边数，一边回答：“1、2、3，现在是3根手指了。”还可以让准爸爸参与进来，对胎儿说：“这是爸爸，这是妈妈，我们是2个人，再加上宝宝，我们就是3个人啦！”

国学胎教：讲故事《负荆请罪》

战国时期，强大的秦国常常欺侮赵国。但赵国有位叫蔺相如的能人，凭着机智和勇敢，为赵国在秦国面前赢得了不少的尊重。赵王看蔺相如才智过人，后来将他封为上卿。

这可气坏了赵国的大将军廉颇，他越想越不服气，想要刁难蔺相如，让他出丑。

蔺相如知道了，立刻吩咐自己手下的人："凡事要让着廉颇手下的人。"就连自己出门坐车，都会避让廉颇。有人问："为何要让廉颇到这种地步？"蔺相如反问道："廉将军和秦王相比，哪一个厉害？"大家异口同声地说是秦王。于是蔺相如说："我见了秦王都不怕，难道还怕廉将军吗？秦国现在不敢来打赵国，就是因为文官武将一条心。我们两人好比是两只老虎，要是打起架来，不免有一只要受伤，这就会给秦国创造攻打赵国的好机会。是国家的事重要，还是私人的面子重要？"

蔺相如的这番话，后来传到了廉颇的耳朵里。他惭愧极了，脱掉一只袖子，露着肩膀，背了一根荆条，来到蔺相如家请罪。蔺相如不计前嫌，与廉颇和好如初，一文一武同心协力为赵王治理国家。

廉颇为什么要背"荆条"请罪

"荆条"与"金棘草"类似，都是带刺的软枝藤，是古时候惩罚犯错的人用的鞭子。廉颇光着上身、背着荆条向蔺相如请罪，正表明了廉颇最诚恳的认错态度，恳请蔺相如惩罚他，原谅他的草率鲁莽。

音乐胎教：欣赏名曲《云雀》

《云雀》是奥地利著名音乐家弗朗茨·约瑟夫·海顿的一首弦乐四重奏。海顿给这首乐曲加上云雀的名字，就是因为乐曲的第一乐章由小提琴奏出的明快的第一主题旋律仿佛是在天空鸣啭的云雀。

云雀是报春的鸟，它的啼声使人清爽和感到明朗。人类是大自然的杰作，大自然是人类的母亲。在孕期，准妈妈会更向往大自然的美好，因为大自然中有纯净的氧气，会给准妈妈和胎儿带来更好的心情，也会促进胎儿的健康成长。现在，就来听听这首《云雀》，想象漫步在春日大自然中的情景吧！

这首乐曲欢快流畅，婉转动听，听起来十分愉快，孕期可以多听这首乐曲，这对于培养胎儿的音乐感觉是很有帮助的。听之前，不妨打开窗子，呼吸着新鲜空气，想象和宝宝正置身于一片群鸟共鸣的森林中，然后播放乐曲，与胎儿一起感受这明朗快活的旋律。

海顿和他的音乐

弗朗茨·约瑟夫·海顿是奥地利古典主义时期作曲家，维也纳古典乐派奠基人。据说他身材矮小，相貌也不大好看，但是这位其貌不扬的音乐大师为人却十分善良、淳朴、幽默和平易近人。他不但赢得贵族的青睐、平民的喜爱，在音乐圈中也是极受人敬重的。莫扎特和贝多芬以及崇拜者们都曾亲切而风趣地称他为“海顿爸爸”。海顿的性格也在其音乐中得到十分明显的体现，其音乐风格热情、典雅，充满了欢乐、幸福、和平的气氛，就像优美的田园诗一样，歌颂大自然、歌颂生活，充满了愉快而别致的情趣。

睡前故事：童话《手捧空花盆的孩子》

很久以前，有位国王没有孩子，于是打算从王国里的少年中挑选一个孩子做王位的继承人。国王吩咐大臣给每个孩子发一些花种，并宣布：谁能用这些种子培育出最美的花，谁就是他的继承人。

有个叫雄日的孩子，他十分用心地培育花种。十天过去了，一个月过去了，花盆里的种子却始终不见发芽。雄日又给种子施了些肥，浇了些水。他天天看啊，看啊，种子就是不发芽。

国王规定的日子到了。许许多多的孩子捧着盛开着鲜花的花盆拥上街头。国王从孩子们的面前走过，看着一盆盆鲜花，脸上却没有一丝喜悦的表情。突然，国王看见了手捧空花盆的雄日。他停下来问："你怎么捧着空花盆呢？"

雄日把花种不发芽的经过告诉了国王。国王听了，高兴地拉着他的手，说："你就是我的继承人了！"孩子们不服气，纷纷问国王："您为什么选择一个捧着空花盆的孩子做继承人呢？"国王说："我发给你们的花种都是煮熟了的，这样的种子能培育出美丽的鲜花吗？"

第31周 经历身体发育的高峰期

本周，胎儿皮下脂肪更加丰满，皮肤皱褶明显减少，看起来更像个婴儿了。现在，胎儿身长增速减慢，体重还在迅速增加，胎动减少。

身体发育经历一次高峰期

这一周里，胎儿的身体即将经历一次发育的高峰，各个器官继续发育完善。肺部和消化系统已基本发育完成，有呼吸能力，可以分泌消化液。胎儿喝进羊水，形成的尿液经膀胱也排泄在羊水中，羊水被吞进再经尿液排出，这样一天替换数次，这是为出生后的小便功能进行锻炼。

大脑仍然生长迅速

胎儿现在早已能够熟练地把头从一侧转向另一侧了。眼睛时开时闭，大概已经能够看到子宫里的景象，也能辨别明暗，甚至能跟踪光源。由于大脑发育迅速，他头部的周长（即头围）到这周最后一天将增加约9.5毫米。

准妈妈体重继续增长

准妈妈本月体重增加1300～1800克，在最后的几周中准妈妈的体重可能会增加很多，这是因为胎儿这时候生长的速度很快。

胎教卡片：胎宝宝学图形（3）

可以在早上散步后，也可以在午睡后，在准妈妈精神状态良好的情况下进行胎教学习。这样，胎儿也会感到非常轻松、愉快。

今天我们来学习一个新的图形：三角形。

准妈妈找出胎教卡片，对胎儿说："今天这个图形，和以前的正方形、心形都不一样，注意看，它是这样的。"然后，准妈妈将注意力集中在图形的色彩上，深深地记住图形；再一边用手指临摹图形的边缘，一边告诉胎儿："它叫三角形。"

反复正确地发音，保持平静的心情，集中注意力。然后闭上眼睛，在头脑中把三角形的形状反复进行描绘。

准妈妈告诉胎儿："三角形有三条边、三个角。我们把家里的三角形找出来看看吧！"然后，在家里找到一些三角形的物品，如晒衣架、三角尺、三角形的饼干、用餐巾纸折起来的三角形……一边找，一边对胎儿描述这些找到的三角形物品，加深胎儿的印象。

语言胎教：背诵谜语童谣

今天来和胎儿一起背诵几则谜语童谣吧！谜语童谣简单、有趣、生动，一边朗诵，一边可以想象谜语所描述的形象。准妈妈还可以准备一些图片给胎儿讲，以便胎儿在脑海里形成立体形象，让胎儿感受更加深刻。

1.

头上两根毛，
身穿彩花袍。
飞舞花丛中，
快乐又逍遥。

2.

衣服像缎子，
尾巴像剪子。
衔泥盖房子，
捉虫喂孩子。

3.

一片一片又一片，
又像糖来又像面。
冬天有时满天飞，
夏天一片也不见。

4.

大眼睛，黑眼圈，
圆圆胖胖逗人爱。
攀得高，爬得快，
竹笋野果当饭菜。

（谜底：1.蝴蝶；2.燕子；3.雪花；4.熊猫）

名画欣赏：《快睡着了》

法国画家莱昂·巴兹勒·佩洛特一生中创作了很多的作品，他是学院派的代表画家，擅长创作一些人物形象，其中最著名的是创作的一些孩子的形象，活泼中表达了内心的情感。其作品敢于运用色彩的对比将人物形象描绘出来，效果达到了极致，带给人视觉上的美感。这幅《快睡着了》就是其代表作品之一。

肥嘟嘟的小婴儿在母亲膝上酣然入睡，母亲轻柔地斜倚着，安静而充满慈爱地注视着自己可爱的孩子。整个画面给人一种祥和、宁静、温馨之感。欣赏这幅画，感受母子间浓浓的温情，想象宝宝出生后也可以有这样一份美好，准妈妈和胎宝宝一起是不是都充满期待呢?

音乐胎教：欣赏名曲《童年情景》

《童年情景》是著名的德国作曲家罗伯特·舒曼创作的一组美丽温馨的钢琴套曲。作品没有直接描绘儿童生活，而是从成年人回忆童年情景的角度进行创作。准确而洗练的手法，深入儿童心灵的刻画，使得乐曲的音乐形象幽默、神态逼真并富有情趣。

在《童年情景》中，舒曼从各个侧面描写了儿童的生活。有的是描写游戏场景，有的是描写孩子的一个神态，有的是描写孩子的心理活动，合起来便构成了一个生动而欢乐的儿童世界。全曲由13个标题性小曲组成。

（1）异国和异国的人们。这段乐曲的特点是在平稳的四分音符中夹杂着不安分的附点节奏，而伴奏却使用了华尔兹的分解和弦，从音乐的变化上显示出作者无法融入异国他乡。

（2）奇怪的传说。这段乐曲使用突变的节奏，让乐曲显得夸张而活泼，仿佛异国古怪离奇的故事给孩子留下了深刻印象。

（3）捉迷藏。上上下下飞快跳跃的顿音逼真地展现出孩子们你躲我藏、追逐嬉戏的情景。

（4）孩子的请求。亲切温柔的旋律充满稚气，并带有祈求、幻想的情绪，最后结束在属七和弦的七音上，形象地描绘了孩子提出请求，期待答复时的神情。

（5）心满意足。欢快的旋律音型在高低声部轮番出现，内声部固定的切分节奏、丰满的和声都微妙地刻画出孩子在得到所期望的东西后幸福满足的心理。

（6）重要事件。夸张而单纯的顿音、呆板的节奏，呈现出孩子一本正经的严肃面孔，令人忍俊不禁。

（7）梦幻曲。这是其中最精彩迷人的一首，常单独演奏，还被改编为各种乐器的独奏曲，并广为流传。乐曲节奏缓慢平稳，旋律起伏均匀，细腻动人，在丰满温和的和弦衬托下，渗透着静谧甜美的诗意，把人们带入梦境。

（8）在壁炉旁。柔和舒展的旋律形象地描绘出一幅充满融融之乐、和谐温暖的家庭图景。

（9）木马游戏。在持续音上奏出带切分节奏的旋律，简洁生动，使人联想到前后晃动的木马和木马上兴高采烈的小骑士。

（10）过分认真。跨小节的绵绵不断的切入，构成严肃而单调的主题，恰当地描绘出孩子努力思索的神情。

（11）惊吓。平静的主题交织着紧张的半音经过的和弦，给音乐增添了一层恐怖色彩，刻画了儿童听到鬼怪故事后害怕、惊恐而又好奇的心理。

（12）入眠。晃动的节奏加上卡农手法的运用，形成了摇篮曲般温和宁静的气氛，中间的转调更增添了乐曲的梦幻色彩，最后平静舒缓的曲调表明孩子已酣然入睡。

（13）诗人的话。这首终曲是以成年人的口吻写成，旋律悠缓，蕴含着迷惘惆怅的心情，表达了作者对已逝童年的忧伤和感慨。

美妙的乐曲会让人情不自禁地沉浸在朦胧美妙的意境中。胎宝宝一定也会对自己的童年时光充满期待，不妨跟胎儿一起听一听这组钢琴套曲《童年情景》，欣赏的时候也一定能唤起准爸爸和准妈妈对童年时光的美好回忆。

第32周

脑神经通路完全接通

现在，胎儿体重继续增长，为出生做准备。如果这时早产，存活的可能性很大。胎儿的身体几乎将子宫的空间占满，手脚有点儿活动不开，只有在处于一个很不舒服的位置时，他才会勉强扭动一下。不过不用担心，只要能感觉到胎儿在蠕动，就说明他很好。胎儿的体位现在大多为头向下，正在为娩出做准备。

脑神经通路完全接通

这一周，胎儿神经系统变化最大，脑部长得更大，不断折叠形成皱褶，脑神经通路完全接通，开始活动。另外，神经纤维周围形成有保护作用的脂质鞘，因此，神经冲动能够较快地传递。他逐渐能够进行复杂的学习和运动，并且意识越来越清楚，能感觉外界的刺激并做出反应。

准妈妈要保持适量运动

这时准妈妈体重每周增加约250克，感觉尿意频繁，这是由于胎儿头部下降，压迫膀胱的缘故。沉重的腹部会让准妈妈不愿意走动，并且感到疲惫，这些都是正常的现象，但是为了在分娩的时候更加轻松些，准妈妈还是要适当地活动。

坚持每天和胎儿对话

准妈妈要经常与胎宝宝对话，这对胎儿的成长有十分重要的意义。说些什么呢？可以对胎儿讲讲一天的生活。早晨起来，可先向胎儿描述天气情况，是阳光洒满大地，还是风雨交加；是白雪皑皑，还是春光明媚；是夏日炎炎，还是秋高气爽。打扫房间、洗衣服、做饭、买东西，或者看电视、洗澡等都可以和胎宝宝聊聊。总之，生活中的一切都可对胎儿讲述，这是胎教中最重要、最基本、最不可忽视的环节，这些行为会对胎儿大脑产生有效的刺激。通过和胎儿一起参与、感受和思考这一天的生活，母子间的纽带更牢固，并培养胎儿对母亲的依赖感及对外界的感受力和思考力。

名画欣赏：埃米尔·弗农的作品

埃米尔·弗农，法国学院派画家，擅长描绘女性。1904年在英国皇家学院展出的题为《玫瑰》的油画引起轰动，成为19世纪将人类从“沉睡中唤醒”（康德）的理性主义写实派代表人物。他的画作主题多为女童、少女和少妇，色彩绚丽，人物均十分可爱、美丽、迷人。准妈妈在孕期经常欣赏埃米尔·弗农的画作，能够放松心情，获得美好、积极的心态。

《樱桃的帽子》

音乐胎教：学唱《摇篮曲》

摇篮曲又叫催眠曲，原是母亲为哄宝宝入睡而在摇篮旁边哼唱的歌曲，后来逐步发展成一种音乐体裁。摇篮曲的音乐一般都具有温存、亲切、安宁的气氛，曲调平静、徐缓、优美，充满母亲对宝宝未来的祝福。准妈妈听着这些音乐，可以勾起自己对儿时的回忆，并心怀幸福感。摇篮曲也是最适合准妈妈哼唱的歌，它曲调平和，节奏平缓，歌词简单，最容易使胎儿安静下来。跟着简洁的旋律，腹中的胎儿也会学着“歌唱”，从而刺激其脑细胞的生长，提高其运动的活力，改善胎盘功能。

东北摇篮曲

《月儿明，风儿静》是一首东北民歌，曲调委婉动听，歌词美好而形象，非常富有诗意。乐曲为准妈妈展开了这样的画面：在清爽的夜晚，蛐蛐的鸣叫更显出夜的宁静，优美的旋律伴着妈妈的歌唱随风荡漾，空气中洋溢着暖暖的味道，一切都那么温柔、美妙，为摇篮中的宝宝营造了一个幸福而安详的意境。通过准妈妈的歌唱，胎儿可以从准妈妈的声音及乐曲的节奏、音调、音高以及不断重复中得到安慰，从而产生安全感。准妈妈发出的信息让胎儿产生信任感，这将促使胎儿健康情绪的发展。

月儿明，风儿静，树叶儿遮窗棂啊。
蛐蛐儿叫铮铮，好比那琴弦儿声啊。
琴声儿轻，调儿动听，摇篮轻摆动啊。
娘的宝宝闭上眼睛，睡了那个睡在梦中啊。

夜空里，卫星飞，唱着那东方红啊。
小宝宝睡梦中，飞上了太空啊。
骑上那个月儿，跨上那个星，宇宙任飞行啊。
娘的宝宝立下大志，去攀那个科学高峰啊。

报时钟，响叮咚，夜深人儿静啊。
小宝宝快长大，为祖国立大功啊。
月儿那个明，风儿那个静，摇篮轻摆动啊。
娘的宝宝睡在梦中，微微地露了笑容啊。

语言胎教：赏读古诗词《江南》

江 南

汉乐府

江南可采莲，
莲叶何田田，
鱼戏莲叶间。
鱼戏莲叶东，
鱼戏莲叶西，
鱼戏莲叶南，
鱼戏莲叶北。

释义：

江南又到了适宜采莲的季节了，莲叶浮出水面，重重叠叠，迎风招展。在茂密如盖的莲叶下面，鱼儿们在欢快地嬉戏玩耍。鱼儿们一会儿在东边，一会儿在西边，一会儿在南边，一会儿在北边。

赏析：

《江南》是一首汉乐府的采莲歌，是一首歌唱江南劳动人民采莲时愉快情景的民歌。在江南水乡，生长着很多莲。莲子成熟了，大家就会划着小船，穿行在碧绿的荷叶之间，一边唱这首采莲歌，一边采莲。诗歌的前三句点明采莲季节、场合，地点；后四句描述鱼儿嬉戏的场景。全诗使用比喻和反复的修辞手法，写出了江南采莲时的优美意境。

准妈妈可以带着欢乐的感情，语速适中地把这首诗读给胎宝宝听。一边读，一边想象和感受诗中场景，把那美好的画面和感觉传递给胎宝宝。

准妈妈动动脑：爱因斯坦的谜题

这是爱因斯坦在20世纪初出的谜题。准妈妈也来动动脑想想看吧。

在一条街上，有5座房子，喷了5种颜色。每个房子里住着不同国籍的人，每个人喝不同的饮料，抽不同品牌的香烟，养不同的宠物。请问：谁养鱼?

提示：

1. 英国人住红色房子。
2. 瑞典人养狗。
3. 丹麦人喝茶。
4. 绿色房子在白色房子左边隔壁。
5. 绿色房子主人喝咖啡。
6. 抽Pall Mall牌香烟的人养鸟。
7. 黄色房子主人抽Dunhill牌香烟。
8. 住在中间房子的人喝牛奶。
9. 挪威人住第一座房子。
10. 抽Blends牌香烟的人住在养猫人的隔壁。
11. 养马人住在抽Dunhill牌香烟的人的隔壁。
12. 抽Blue Master牌香烟的人喝啤酒。
13. 德国人抽Prince牌香烟。
14. 挪威人住蓝色房子隔壁。
15. 抽Blends牌香烟的人有一个喝水的邻居。

（答案：德国人养鱼。挪威人住黄房子，抽Dunhill，喝水，养猫；丹麦人住蓝房子，抽Blends，喝茶，养马；英国人住红房子，抽Pall Mall，喝牛奶，养鸟；德国人住绿房子，抽Prince，喝咖啡，养鱼；瑞典人住白房子，抽Blue Master，喝啤酒，养狗。）

孕9月 临近分娩，胎教不懈怠

第33周

胎头正准备入骨盆

本周，胎儿皮下脂肪还在增加，皮肤不再红红的、皱皱的。胎儿正在为入骨盆做准备，有的胎儿头部现在已经开始降入骨盆。

身体骨骼变得结实

胎儿软软的骨头都在变硬，除头部外，身体其他部分的骨骼已经变得很结实，不过颅骨还是软软的，也没有完全闭合。这种松动的结构是为生产过程中胎儿的头部能够顺利通过产道而做的准备。

虹膜能缩放了

这一周，胎儿眼睛的虹膜已能放大和缩小，对亮光有收缩反应，还能够聚焦。出生以后这种功能就可以得到发挥了。

准妈妈身体更加疲惫

准妈妈这时的体重大约增长12千克，主要是因为胎儿在出生前的最后7～8周体重猛增。准妈妈现在会感到尿意频繁，这是胎头下降，压迫膀胱引起的。准妈妈还会感到骨盆和耻骨联合处酸痛不适，这些都标志着胎儿在逐渐下降。准妈妈的胃和心脏受压迫感更为明显，会感觉到心慌、气喘或胃胀，没有食欲。同时，沉重的腹部使准妈妈更加懒于行动，更易疲惫。

准妈妈应该进行分娩练习

临近分娩，每位准妈妈都应该了解一些知识，放松紧张的神经，不至于到生产时乱了阵脚。准妈妈可以进行如呼吸技巧的练习、分娩过程中用力技巧的练习等。

特别提醒

要警惕胎膜早破。在正常情况下，胎膜在临产期破裂，羊水流出，胎儿也在数小时内娩出。如果胎膜在临产之前（即有规律宫缩前）破裂，有部分羊水流出，就被称为胎膜早破。发生这种情况，要立即送孕妇去医院急诊，最好采用平卧并稍稍垫高臀部的姿势移动孕妇。

胎教卡片：胎宝宝学数字（4）

宝宝就要出生了，再教他学个数字吧！

和以前一样，准妈妈看着卡片，集中注意力，把“4”牢牢地印入脑海里。一边摹写字形，一边念“4”，重复多次。再启发胎儿：“‘4’像什么呢？”准妈妈在脑海中搜索和“4”相像的事物，小旗子、帆船……并和胎儿交流。

“4”代表多少呢？两双筷子放在一起是4根；爸爸妈妈的两双手放在一起是4只手；五星红旗上，大星星周围伴有4颗小星星……

语言胎教：赏读经典宋词《水调歌头》

水调歌头·明月几时有

［宋］苏　轼

丙辰中秋，欢饮达旦，大醉，作此篇，兼怀子由。

明月几时有？把酒问青天。
不知天上宫阙，今夕是何年。
我欲乘风归去，又恐琼楼玉宇，
高处不胜寒。
起舞弄清影，何似在人间？

转朱阁，低绮户，照无眠。
不应有恨，何事长向别时圆？
人有悲欢离合，月有阴晴圆缺，
此事古难全。
但愿人长久，千里共婵娟。

释义：

丙辰年的中秋节，高兴地喝酒直到第二天早晨，喝到大醉，写了这首词，同时思念弟弟苏辙。月亮什么时候开始出现的呢？我端起酒杯遥问上天。不知道天上的宫殿，现在是哪一年哪一月。我想乘着风飞到天上，又怕在美玉砌成的宫殿里，受不住高处的寒冷。翩翩起舞，玩赏着月下清影，哪像是在人间呀？月亮转过朱红色的楼阁，低低地挂在雕花的窗户上，照着没有睡意的我。明月不该对人类有怨恨呀，但为什么偏偏在人们离别的时候才圆呢？人有悲欢离合，月有阴晴圆缺，这种事自古以来难周全。只希望所有人的亲人都能平安健康，就算相隔很远，也能共享这美好的月光。

赏析：

这是宋代大文学家苏轼创作的一首词。落笔潇洒，舒卷自如，情与景融，境与思偕，思想深刻而境界高逸，充满哲理，是苏轼词的典范之作。作者当时身在密州（今山东省诸城市），词以月起兴，以与其弟苏辙七年未见之情为基础，围绕中秋明月展开想象和思考，把人世间的悲欢离合之情纳入对宇宙人生的哲理性追寻之中，反映了作者复杂而又矛盾的思想感情，又表现出作者热爱生活与积极向上的乐观精神。

睡前故事：童话《丑小鸭》

鸭妈妈在孵小鸭，别的小鸭都钻出了蛋壳，只有一只最大的蛋，始终没有动静。

终于，这个大蛋裂开了，一个小家伙儿钻了出来。瞧，它多丑呀！别的鸭子都那么美丽，没有一个像它一样的，大家都不喜欢它，谁也不愿接近它。

丑小鸭伤心地走了，可它不知道该到哪里去。冬天来了，丑小鸭在湖面上又冷又饿。一天，丑小鸭看到了一群又大又美丽的鸟，它们在天空中飞翔。啊，真美啊！丑小鸭知道，那是一群天鹅。

丑小鸭孤零零地度过了冬天。春天来了，丑小鸭长得更大了，能够在天空中飞翔了。

有一天，丑小鸭在湖面上再次看到了天鹅，它决定游到它们那里去，不管它们嫌不嫌自己丑。

于是，丑小鸭向它们游去。突然，它从水面上看到了自己的倒影。原来，它不再是只丑小鸭，而是一只美丽的天鹅！

这时，湖边的孩子们指着它说："大家快看，新来了一只天鹅，它多好看啊！"听到赞美的话，丑小鸭害羞了，它从未想过会有这样的幸福。

改编自：《安徒生童话》

音乐胎教：欣赏名曲《G弦上的咏叹调》

相关研究显示，孕晚期的胎教音乐，应选择感情丰富、舒缓、充满希望的音乐，以缓解准妈妈的紧张情绪、减少焦躁和不安的负面情绪，帮助准妈妈做好迎接天使降生的准备。而由德国著名音乐家巴赫创作的《D大调第三管弦乐组曲》充满生活的情调，很适合用作音乐胎教。

组曲由5个乐章组成。第1乐章序曲，气势庄严、雄壮；第2乐章咏叹调，旋律质朴，富于歌唱性，带有巴洛克后期的夜曲风格；第3乐章《加沃特舞曲》和第4乐章《布列舞曲》都表现出一种活泼、愉快的情绪；第5乐章吉格舞曲，是一首以双簧管和小提琴演奏为主的华丽舞曲。

这组组曲原本由2支双簧管演奏，其中第2乐章咏叹调只由弦乐队演奏。后来这个咏叹调被人改编成多种乐器的独奏曲，其中德国小提琴家威廉密改编的小提琴曲最为著名。他将原曲的D大调改为C大调，使乐曲的主旋律能够完全在小提琴的G弦上演奏，因此被称作《G弦上的咏叹调》。

《G弦上的咏叹调》全曲分两个部分。第一部分是6小节的乐段，这段曲调质朴而深情，音乐从极弱而慢慢渐强的长音开始，抒发着深思的心绪，而伴奏声部弦乐器的弹奏，更衬托出这种情感。第二部分共12小节，情绪起伏较前一部分更加显著，在哀怨缠绵的情调中流露出激情。这也是一首典型的巴洛克后期的音乐作品。在乐曲中，抒发了作者的各种感情。

准妈妈在听这首乐曲时，主要以感受抒情性为主。

第34周
头部开始入骨盆

本周，胎儿已经为分娩做好准备，将身体转为头位，即头朝下的姿势，完全倒立了。头部开始进入准妈妈的骨盆，紧压在准妈妈的子宫颈口。

中枢神经系统仍然在完善

这一周，胎儿的中枢神经系统仍然在发育，胎儿对声音更加敏感了。经过一段时间的练习，他现在可以更自如地眨眼，而且还会自动转向光源，这是“向光反应”，这些能使他更多地了解周围的环境。

一个丰满的小宝宝

胎儿的皮下脂肪层还在继续变厚，看上去更丰满了，开始有点儿圆滚滚的感觉，这个脂肪层将在宝宝出生后帮助他保持体温。另外，他的肺部已经发育得很成熟了。

有适应外界环境的能力了

胎儿各器官均已充分发育，随时可能临产。如果宝宝此时出生，他已经能适应子宫外面的世界了。

宝宝现在是躺在子宫壁上，而不是浮在充满液体的空间里，当然他还是浸泡在羊水里的。在接下来的几周内，准妈妈的免疫力会转给胎儿，以帮助他出生后抵抗感染。

准妈妈要少食多餐

由于子宫膨大，压迫了胃，使胃的容量变小，吃一点儿就感觉饱了。准妈妈应改变饮食习惯，少吃多餐。最好一天吃6顿，3顿正餐、3顿加餐。

准妈妈要注意情绪波动

在孕后期，准妈妈的情绪对胎宝宝的影响更大。准妈妈不良的精神状态给胎宝宝所造成的刺激常引起出生后宝宝行为性格异常。特别是妊娠后期，准妈妈精神状态的突然改变会使血内去甲肾上腺素浓度增高到原来的100倍，心率增快，使每次心脏搏出血量减少，胎盘供血量也因此减少，使胎宝宝缺氧，阻碍胎宝宝大脑发育。

因此，胎教的重要目的之一是必须使准妈妈的精神始终处于放松、愉快的状态中。

准爸爸胎教：念儿歌《早操歌》

早操歌

大公鸡，喔喔叫，外面世界多美妙；
小朋友们排好队，大家快快来做操，
间隔距离要保持，大家都要准备好。
小海鸥，真勇敢，飞得高来飞得远，
我们学习小海鸥，不怕辛苦不怕难。
小花猫，喵喵叫，摇摇脑袋舔舔毛，
养成卫生好习惯，做个健康乖宝宝。
企鹅弟弟站一排，走起路来摇又摆，
互帮互助最团结，聪明伶俐人人爱。
小猴子，真顽皮，望望东来望望西，
遵守规则不胡闹，快快乐乐做游戏。
大象伯伯慢慢走，伸伸鼻子扬扬头，
见到老人问个好，大家夸我有礼貌。
小青蛙，呱呱叫，妈妈怎么不见了，
我们一起帮助它，找到妈妈哈哈笑。
小黄莺，高声叫，小朋友们齐欢笑，
天天锻炼身体棒，这个世界真美好。

语言胎教：赏读唐诗《山居秋暝》

山居秋暝

［唐］王　维

空山新雨后，
天气晚来秋。
明月松间照，
清泉石上流。
竹喧归浣女，
莲动下渔舟。
随意春芳歇，
王孙自可留。

释义：

空寂的山上刚下过一场新雨，晚上有些凉意，让人感到现在是初秋了。皎洁的月光从松树的间隙洒下，清清的泉水从石头上淙淙流过。竹林深处有笑声和响动，是洗衣姑娘回来了。莲叶在轻轻摆动，应该是有渔舟划过。春日的芳菲不妨任它消逝，秋天的山中美景也可以把来此地隐居的人留住。

赏析：

这首诗体现了王维诗歌的一个重要特点就是“诗中有画”。雨后的青山、穿过松林的月光、叮咚流淌的泉水、洗衣姑娘的欢声笑语，勾勒出一幅非常美的画卷。读起来感觉明快、喜悦，像是能看到和听到一样。

给胎宝宝读这首诗的时候，可以在脑海里想象秋天山中雨后的景色。给胎宝宝讲解时，要带有想象和情感，通过自己的联想将美好的意象传递给胎宝宝。

睡前故事：童话《狐狸兄弟》

狐狸兄弟同住在一间木屋里。

有一天，木屋的屋顶破了一个小洞。狐狸哥哥想：弟弟会去修的；狐狸弟弟想：哥哥会去修的。结果谁也没去修。

洞越来越大。哥哥以为弟弟会去修，弟弟以为哥哥会去修。结果谁都没动手修理。

寒冷的冬天到了，西北风夹着雪花呼呼地刮进木屋。

狐狸兄弟冻得直打哆嗦。这时，哥哥想：天这么冷，弟弟一定受不了，他会去修的；弟弟想：哥哥这次恐怕是挺不住了，他会去修的。结果还是谁都没去修。

洞越来越大，风越刮越猛，雪越下越急，最后，狐狸兄弟都被冻死了。

准爸爸和准妈妈读完故事，可以问问胎宝宝：狐狸哥哥这么做对吗？狐狸弟弟这么做对吗？他们应该怎么做？把想法也和胎儿交流一下。

第35周 完成大部分的身体发育

本周，胎儿的肾脏已经完全发育，肝脏也能代谢一些废物了，大部分身体发育都已完成。除了不会哭，他现在基本具备新生儿所有的行为能力。

听力已充分发育

这一周，胎儿继续为分娩做着准备，将头转向下方，头部进入骨盆。现在胎儿的听力已充分发育，要记得坚持跟他说话。胎儿这时的睡眠时间很长，不过在他醒着时，多处于安静的警觉状态。

发育减慢，趋于稳定

此时，胎儿头围与腹围几乎相等。从现在开始，他的发育减慢并趋于稳定，体重还会继续增加一些。由于更多的脂肪沉积，胎儿的手和脚变得又圆又胖；由于血管接近皮肤表面，皮肤呈现出粉红色。

准妈妈胃灼热要适当调理

孕晚期胃灼热的主要原因是内分泌发生变化，胃酸反流刺激食管下段的痛觉感受器，从而引起灼热感。此外，妊娠时巨大的子宫、胎儿对胃有较大的压力，胃排空速度减慢，胃液在胃内滞留时间较长，也容易使胃酸反流到食管下段。

准妈妈要知道，这种胃灼热在分娩后会自行消失，未经医生同意不要服用治疗消化不良的药物。平时应在轻松的环境中慢慢进食，每次避免吃得过饱。吃完饭后，保持一会儿直立的姿势将会缓解胃灼热。饭后适当散步，以及临睡前喝一杯热牛奶等，也有很好的缓解效果。

特别提醒

这个时期的胎教，准爸爸的角色特别重要。应加强对妻子的呵护，注意妻子的情绪，和她一起学习分娩知识，以平常之心迎接分娩。比如：

1. 经常抚摩准妈妈的腹部，告诉胎宝宝外面世界的各种新奇事物。

2. 此时的准妈妈容易懒散，不爱动，准爸爸要调动准妈妈运动的积极性，不妨陪她多散步。

3. 准爸爸要给准妈妈以心理支持，不要给准妈妈生男生女的压力。

音乐胎教：欣赏名曲《乘着歌声的翅膀》

《乘着歌声的翅膀》原为德国诗人海涅创作的一首诗，因门德尔松为其谱曲而广为传播。其旋律舒缓、温柔、甜蜜，通常由女高音演唱。全曲以清畅的旋律和由分解和弦构成的柔美的伴奏，描绘了一幅温馨而富有浪漫主义色彩的图景。曲中不时出现的下行大跳音程，生动地渲染了这美丽动人的情景。

这首歌的歌词是一首抒情诗，表达了诗人对爱情的美好向往，意境绮丽、淡雅而又清新活泼。

乘着歌声的翅膀

乘着那歌声的翅膀
亲爱的随我前往
去到那恒河的岸旁
最美丽的好地方
那花园里开满了红花
月亮在放射光辉
玉莲花在那里等待
等她的小妹妹
玉莲花在那里等待
等她的小妹妹
紫罗兰微笑地耳语
仰望着明亮星星
玫瑰花悄悄地讲着
她芬芳的心情
那温柔而可爱的羚羊
跳过来细心倾听
远处那圣河的波涛
发出了喧嚣声
远处那圣河的波涛
发出了喧嚣声
让我们在松树底下
静静地躺下休息
沐浴着温暖和恬静
憧憬着幸福的梦
憧憬着幸福的梦
幸福的梦

胎教卡片：胎宝宝学汉字（3）

胎儿生活在羊水中，就像一条小鱼，那么，今天就来学习“鱼”这个字吧！

准妈妈要一边正确地读出“鱼”字的发音，一边用手指描摹出它的形状，将这个字印入脑海中，并传递给胎儿。可以反复描摹几次，以加深胎儿的印象。“鱼”字最好的学习方法，就是将这个字和具体的形象结合起来。准妈妈还可以看看这个字是如何演化过来的。

“鱼”是什么样子呢？如果家里正好养鱼，就直接和胎儿一起看。如果家里没有养鱼，可以找些图片来看，或者干脆到水族馆或花鸟虫鱼店观赏一下。在不断地讲解中，胎儿的意识里会对“鱼”这个字更熟悉，也能知道更多关于鱼的知识。

名画欣赏：《两个好朋友》

法国学院派画家埃米尔·弗农笔下的儿童形象温馨可爱，充满童稚，用色明亮光鲜，人物造型俊美动人。画中的小女孩，左手抱着心爱的小狗，右手端着碗在喂小猫喝水，脸上散发着温暖的光芒，让人仿佛能够感受到空气中弥漫的欧洲乡村的气息。

睡前故事：童话《谁的年龄大》

一个阳光灿烂的日子，狗熊、河马、犀牛、大象还有乌龟在河滩上晒太阳。

河马问狗熊："狗熊老弟，你今年多大了？"

狗熊说："我今年30岁了，都当爷爷了。"

"什么？30岁就当爷爷了，我都50岁了才刚刚是青年呢。"乌龟惊讶地说。

大象在旁边插话说："我今年也是50岁，可我是中年啊！"

咦？这到底是怎么回事呢？大家觉得很奇怪，于是一致同意派犀牛去请来知识渊博的喜鹊老师，向它请教。

喜鹊老师解释说："各种动物的寿命是不一样的：狗熊的寿命大约是34年，河马的寿命约是41年，犀牛的寿命约是47年，而大象的寿命可长达120年左右，但是最长寿的要数乌龟了，可以活到200年左右呢。"

大家听完恍然大悟，原来动物的寿命差别这么大呢，今天真是长知识了。"这么说我虽然只有50岁，在乌龟里才刚刚是青年，却可以给犀牛当爷爷了。"乌龟逗趣地说。大家听完哈哈大笑起来。

准爸爸胎教：唱儿歌《洋娃娃和小熊跳舞》

《洋娃娃和小熊跳舞》是一首波兰儿歌，欢快的旋律，充满童趣的歌词，带给人们美好而快乐的感受，深受喜爱，传唱至今。

准爸爸可以单独为胎儿唱，也可以和准妈妈一起为胎儿唱这首儿歌，让家里欢快的气氛感染腹中的胎儿。

洋娃娃和小熊跳舞

洋娃娃和小熊跳舞，
跳呀跳呀，一二一；
它们在跳圆圈舞呀，
跳呀跳呀，一二一；
小熊小熊点点头呀，
点点头呀，一二一；
小洋娃娃笑起来啦，
笑呀笑呀，哈哈哈。
洋娃娃和小熊跳舞，
跳呀跳呀，一二一；
它们跳得多整齐呀，
多整齐呀，一二一。
我们也来跳个舞呀，
跳呀跳呀，一二一；
我们也来跳个舞呀，
跳呀跳呀，一二一。

第36周 胎儿体重继续增加

本周，胎儿体重还在继续增加，一天增加28克左右，增加的主要是肌肉和脂肪。现在通过B超和触诊就可以估计出胎儿的体重，但在后面的4周内胎儿的体重可能还会增加不少。

所有器官几乎已发育成熟

现在，准妈妈的子宫壁和腹壁变得很薄，胎儿的手肘、小脚和头部可能会更清楚地在准妈妈的腹部凸显出来。他现在头朝下，所有器官几乎都已发育成熟，能够倾听、感觉，甚至有可能看见周围模糊的轮廓了。脾脏也发育完成，可以分泌胰岛素了。

胎脂开始脱落

这一周，覆盖胎儿身体的绒毛和胎脂开始脱落。胎儿现在还会吞咽这些脱落的物质和其他分泌物，它们将积聚在胎儿的肠道内直到宝宝出生，这就是胎粪。它将成为宝宝出生后的第一团粪便。

现在，胎儿身体的脂肪比例将稳定在15%左右，四肢、手肘和膝盖处开始凹进去，在手腕和颈部四周形成褶皱，全身浑圆。这些脂肪不仅有助于胎儿保持均衡的体温，还能转化为能量，若此时出生，存活率较高。

准妈妈出现无效宫缩

到了孕晚期，无效宫缩会经常出现，且频率越来越高。出现无效宫缩的情况时，准妈妈一定要禁止服用药物，应注意休息，不要刺激腹部。如果痛感特别强烈，工作、生活受到影响，需要去医院进行检查诊断。

特别提醒

孕晚期严禁性生活。此时胎宝宝已经成熟，子宫已经下降，子宫口逐渐张开。如果这时性交，羊水感染的可能性较大，可能造成胎膜早破和早产。

胎教卡片：胎宝宝学字母（3）

虽然宝宝就要出生了，但这个时候依然不能放松胎教，要持之以恒，才能收到好的效果。今天，就让我们继续学习英文字母吧！

“G”很像我们之前学习过的一个字母，想想看……哦，原来是像“C”！比比看，“G”比“C”要多出一个小尾巴，是不是很有趣啊？准妈妈可以反复地读出“G”的正确发音。

“H”很像一架梯子，宝宝蹬着它，就能爬到很高很高的地方啦。准妈妈一边正确地读出“H”的发音，一边用手指描摹它的字形，加深胎儿的印象。

“I”像不像之前我们学习的数字“1”？不过它们的发音、意思完全不同。准妈妈要正确地读出这个字母的发音，同时用手指在胎教卡片上反复描摹它的字形。

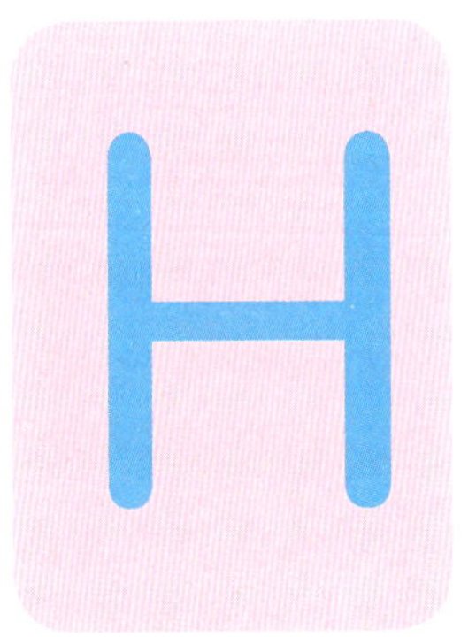

睡前故事：历史传说《诸葛亮妙对老师》

相传，诸葛亮小时候由父亲带着去拜水镜先生为师。

水镜先生对诸葛亮说："我出三个题目，答对了就收下你。"

说完之后，便出了一个哑题。他屈起食指，伸到诸葛亮面前，又点了点。诸葛亮向水镜先生深深一鞠躬，又后退三步，站在一边解释道："您要我做首屈一指的大官，我当鞠躬尽瘁，死而后已。"

接着，水镜先生坐在蒲团上说："我出的第二个题目是，你要想办法使我离开这座位。"诸葛亮走到墙角，顺手拿了一根竹竿就要捅房上的瓦。水镜先生连忙起来阻止说："不要捅漏了房子！"诸葛亮笑了，说："先生坐地，我想通天，先生不是离开座位了吗？"

水镜先生重新坐回蒲团上，说："你能使我寸步难行吗？"诸葛亮指着水镜先生，大声说："你这老匹夫，分明没有本事，却在此胡扯！"水镜先生气得脸色发紫。诸葛亮却摘下他的帽子，扔到房顶上。水镜先生气急了，只好脱了鞋，踩在诸葛亮父亲的肩上去够帽子。这时，诸葛亮抓起水镜先生的鞋子藏了起来。水镜先生拿到了帽子，却找不到鞋子，诸葛亮说："先生，您寸步难行啦！"

水镜先生一听哈哈大笑，说："好聪明的孩子，我收下你了！"

三年后的一天早上，水镜先生对弟子们说："我出一道考题。从现在起，到午时三刻止，谁能得到我的允许走出水镜庄，谁就出师。"弟子们急了，有的大呼："庄外失火！"有的谎报："家里死了人，得赶紧回去！"水镜先生根本不予理睬。只有诸葛亮，早伏在书桌上睡着了。他鼾声大作，搅得考场不得安宁，水镜先生很生气。

午时三刻快到了，诸葛亮一觉醒来，听说水镜先生出了这么道考题，一把拉住他的衣襟哭道：“先生这么刁钻，净出歪题害我们，我不当你的弟子了，还我三年学费，快还我三年学费！”

水镜先生是天下名士，谁不尊敬？现在见诸葛亮这般无礼，气得他浑身发抖，喝令诸葛亮滚出水镜庄。诸葛亮哪里肯走，水镜先生就让几个弟子硬把他拖了出去。

诸葛亮一出水镜庄，便哈哈大笑起来，在路旁拾了根棍子就往回跑。他跪在水镜先生面前，双手奉上棍子说：“刚才为了应付考试，万不得已，冲撞了恩师，弟子愿受重罚。”水镜先生猛然醒悟，转怒为喜，扶起诸葛亮说：“看来，青出于蓝而胜于蓝，你真的可以出师了。”

名画欣赏：《圣母子》

今天，为准妈妈准备的是意大利著名画家拉斐尔的一幅油画——《圣母子》，通过欣赏这幅画，准妈妈对自己的宝宝将更加期盼。

圣母、圣婴原本是典型的宗教题材，在中世纪的绘画作品中，为了强调圣母、圣婴的神圣身份，一直被描绘得冰冷呆板，毫无生气。“文艺复兴三杰”之一的拉斐尔在此幅作品中摒弃传统的创作思维，把圣母描绘成一位温柔秀美、洋溢着爱意、微微丰腴的人间母亲。三角形构图是拉斐尔惯用的手法，金黄、酒红、墨绿，华丽的色彩让画面洋溢着温暖欢快的调子，同时也是文艺复兴时期的画商、教堂等喜爱的颜色。圣母正在沉思，而膝上的圣婴则是活泼、动态的，比例上稍大于人间男婴，肥肥的体态非常富有质感，形态可爱逼真，激起观者的抚摩欲，他与圣母一静一动、相映成趣。背景是拉斐尔的故乡——意大利托斯卡纳的美丽乡村。

这幅画是文艺复兴时期的杰出作品之一，也是人类美术史上的珍品。

准爸爸胎教：制作早教卡片（1）

宝宝出生后，爸爸妈妈要延续孕期坚持下来的学习习惯，继续对宝宝进行早教，使宝宝的大脑持续不断地接受新的刺激，更好地发育。宝宝出生后，家里会手忙脚乱一阵子，所以在宝宝出生前就要为宝宝准备好早教用品。今天就来做两张图形卡片吧。

研究发现，新生儿最喜欢看的颜色并不是粉红色或蓝色，而是对比度鲜明的黑白两色。宝宝最喜欢的是模拟母亲脸的黑白挂图，也喜欢看条纹、波纹、棋盘等图形。选择没有反光的白色卡纸，在上面分别画出黑白格和黑色条纹图案，在宝宝出生后第二天就可以开始给宝宝看了。黑白图应在距离宝宝眼睛20厘米处左右移动，促使宝宝视线随卡片移动，每隔3～4天应换一幅图。

黑白条纹

黑白方格

孕10月 开始学习一些早教知识

第37周

已经是个足月儿了

这个时候，胎儿的身体发育基本完成，是个健康的小宝宝了！他的头部现在已经浅浅地进入骨盆，为降临人世做准备。

头发又长又密

这时候，很多胎儿的头发已经长得又长又密了，但是准妈妈和准爸爸不必对他的头发颜色或疏密状况过多地担心，因为这个时候的头发情况并不决定出生后的情况，宝宝出生后随着营养的补充，头发会变得浓密、光亮。

脑细胞数目与成年人基本相同

这一周，胎儿的脑细胞数目已基本发育完成，他的大脑中有130亿～180亿个脑细胞，数目已与成年人基本相同。随着预产期的临近，胎儿变得越来越安静。

手脚肌肉发达

胎儿现在外表皮肤呈淡红色，皮下脂肪组织发育良好，无褶皱，体形渐渐胖而圆。手、脚的肌肉已变得发达，骨骼已变硬。

准妈妈胃口好转

因为胎宝宝位置下降，准妈妈会感觉胸部下方和上腹围轻松起来，胃口也好了。准妈妈的憋闷感减轻，尿频、便秘、腰腿痛明显加重，阴道分泌物增加。胎盘的功能也逐渐退化，直到胎宝宝分娩出即完成使命。

胎教的完成是生产

精子和卵子相遇已经过了九个月，现在到了第十个月。终于盼到孩子即将诞生。在母亲的子宫内成长的孩子，会使出全身力气经过母亲的产道。实际上越接近生产，母亲的产道会因为激素的作用变得越柔软，但孩子的身体不会那么容易出来。

孩子出生对母亲而言是件痛苦的事，然而孩子也需要辛苦的努力。孩子用从胎内听见的母亲的声音和歌声得到勇气，在最大的收缩下缩起身体，从产道中挤出，来到肚子外面。这就是胎儿见到世界的过程。

离开黑暗狭窄的母亲产道时，孩子从母亲身上得到最后的胎教。出生后一定要呼吸的孩子，身体贴附在狭窄的产道上使肌肤得到刺激，肌肤的刺激启动大脑的呼吸中枢。自然分娩的理由之一就是胎儿的肌肤受到刺激。同时，有规律的子宫收缩及经过产道时的挤压作用，可将胎儿呼吸道内的羊水和黏液排挤出来，新生儿湿肺、吸入性肺炎的发生率可大大减少。生产可以说是母亲最后的胎教，所以建议准妈妈在身体状态允许的情况下尽量选择自然分娩。有研究指出，自然分娩的孩子智能指数、消化能力和免疫力较优异。要记住，为了胎儿最后的胎教，尽量自然分娩。

语言胎教：朗诵诗歌《祝福》

《祝福》是印度著名诗人泰戈尔的一首诗，全诗洋溢着乐观的基调。新生命诞生，在信任和爱中成长，即使世间那么险恶，一切也都可以变好，终将到达和平的港口。这是对未来的希望，对爱的坚信。读这首诗，感受下宝宝降生所带来的希冀吧。

祝　福

祝福这个小心灵，
这个洁白的灵魂，
他为我们的大地，
赢得了天的接吻。
他爱日光，
他爱见妈妈的脸。
他没有学会厌恶尘土而渴求黄金。
紧抱他在你的心里，
并且祝福他。
他已来到这个歧路百出的大地上了。
我不知道他怎么从人海中选出你来，
来到你的门前抓住你的手问路。
他笑着，谈着，跟着你走，
心里没有一点儿疑惑。
不要辜负他的信任，
引导他到正路，
并且祝福他。
把你的手按在他的头上，祈求着：
底下的波涛虽然险恶，
然而从上面来的风，
会鼓起他的船帆，
送他到和平的港口的。
不要在忙碌中把他忘了，
让他来到你的心里，
并且祝福他。

睡前故事：童话《雪人去哪儿了》

冬天，北风呼呼地吹，雪人孤零零地站在山坡上。有一群小动物说要下山去找春天。

雪人问：“春天是什么样的？”小动物们说：“春天可漂亮啦！我们一定给你带回春天的礼物！”

小动物们蹦蹦跳跳下了山。深山里只剩下雪人耐心地等着小动物们给它送来春天的礼物。

山下，小河边开满了鲜花，蝴蝶在飞舞，小鸟在歌唱……春天真是美极了！小动物们采了许多花，向山上跑去。

咦，雪人到哪儿去了呢？“雪人！雪人！你在哪儿呀？我们给你带回了春天的礼物！”它们把鲜花放在雪人站过的地方。

读读故事，再问一问肚子里的胎宝宝：雪人去哪儿了呢？什么时候再来呢？给胎宝宝讲一讲吧。

国学胎教：讲两个关于谦恭的成语故事

孺子可教

张良是秦朝末年人。因为行刺秦始皇没有成功，他逃到下邳隐藏起来。有一天，张良来到附近的圯水桥上散步，遇到一个穿粗布衣服的老人。

老人的一只鞋掉到桥下，便对迎面走来的张良叫道："喂！小伙子！下去把鞋子给我捡上来！"张良虽然心中不快，还是下桥把鞋捡了回来。

老人又说："来！把鞋子给我穿上！"张良又恭敬地替老人穿上鞋。老人穿上鞋后站起身，一句感谢的话也没说就走了。

老人走出老远，又回来对张良说："孺子可教也，你这小伙子值得我教。五天后的早上，再到桥上来见我。"张良猜想这人一定很有来历，连忙答应。

五天后，一大早张良就赶到桥上，但发现老人已经先到。老人生气地责备张良来晚了，让他五天后早点儿来。

又过了五天，鸡一叫张良就来到桥上，没想到老人又先到了。老人大发脾气，让他过五天再来。

又过了五天，刚半夜张良就摸黑来到桥上等。天刚亮，他看到老人一步一挪地走上桥，便上前搀扶。老人高兴地拿出一部兵书交给张良，说："你要多下苦功钻研这部书。钻研透了，以后大有用处。"

回家后，张良日夜攻读这部兵书，增长了不少才智。再后来，张良成了刘邦手下的重要谋士，为刘邦建立汉朝立下了汗马功劳。

"孺子可教"这个成语就是说孩子是可以教诲的，后来形容年轻人有出息，可以造就。

程门立雪

宋朝时候，有个读书人叫杨时，他从小就聪明伶俐，七岁能写诗，八岁能作赋，人称“神童”。他一生立下宏志要著书立传，曾在许多地方讲学，备受欢迎。

他非常尊敬老师。他的老师是当时著名的学者程颢。杨时四十多岁的时候，程颢去世了。程颢的弟弟程颐也是一个有学问的人，他就又拜程颐为老师。

有一天，杨时与他的学友，因对某个问题持有不同看法，为了求得一个正确答案，便一起去老师程颐家里请教。

天气寒冷，浓云密布，他们把衣服裹得紧紧的，匆忙赶路。来到程颐家时，见老先生正在炉旁打坐养神，他们不敢打扰老师，就恭恭敬敬地站在门外等候。过了很久，程颐一觉醒来，从窗口发现站在门口风雪中等候的两位学生，只见雪已落在他俩身上厚厚一层，脚下的积雪也一尺多高，便赶忙起身让他俩进屋。

后来，杨时学得程门理学的真谛，人称“龟山先生”。

杨时这种爱好学习、尊敬老师的优良品德，受到了很多人的称赞。后来，人们就把这件事概括成“程门立雪”这个成语。

第38周 皮肤光滑的小宝宝

本周，胎宝宝的头部已完全入骨盆，被周围的骨盆骨架保护着，头部能在骨盆内摇摆，同时他有更多的空间放自己的小胳膊、小腿和小屁股了。

各器官已就位

现在，胎宝宝的各个器官已发育完全，并各就各位。脑部开始工作，肺部表面活化剂的产量开始增加，使肺泡张开，脑部和肺部会在出生后继续发育成熟。

皮肤变得光滑

这一周，胎宝宝身上覆盖的一层细细的绒毛和大部分白色的胎脂还在逐渐脱落，并随着羊水被吞入胎宝宝的肚子里，储存在他的肠道中，出生后随胎便排出。宝宝的皮肤变得光滑，胎毛正在消失。皮肤在光滑的同时也会变得厚一些，苍白一些。这个时期的胎宝宝还很安静，很少剧烈活动，85%的胎宝宝会在预产期两周内出生。

准妈妈出现“现血”现象

这一周，准妈妈可能会有“现血”的现象，即子宫颈变软及变薄后，黏液栓塞会和血液混合流出阴道，谓之现血。此种出血是一种正常的现象，是子宫颈为分娩做准备而扩大，表示接近分娩的开始，无须太过担心。

准妈妈动动脑：开心谜语猜一猜

猜字谜

1. 小狗身上长满了嘴（打一字）
2. 一人拉弓卧草中（打一字）
3. 形单影只等日出（打一字）
4. 乍看去见三兄，实则力气大无穷（打一字）
5. 石头撑起一座山（打一字）

（答案：1.器；2.荑；3.但；4.众；5.岩）

猜地名

1. 大江东去（猜一城市名）
2. 东南烽火，北地狼烟（猜一城市名）
3. 空中码头（猜一城市名）
4. 四季花开（猜一城市名）
5. 风平浪静（猜一城市名）

（答案：1.上海；2.西安；3.连云港；4.开封；5.宁波）

猜植物

1. 粉妆玉琢新世界，傲霜斗雪花自开，岁寒为报春来早，姐妹亲朋喜开怀。
2. 架上爬秧结绿瓜，绿瓜顶上开黄花，生着吃来鲜又脆，炒熟做菜味道佳。
3. 身子长个儿不大，遍体长着小疙瘩，有人见了皱眉头，有人见了乐开花。
4. 皮儿薄，壳儿脆，四姐妹，隔墙睡，从小到大背靠背，裹着一层疙瘩被。

（答案：1.梅花；2.黄瓜；3.苦瓜；4.核桃）

语言胎教：赏读三首关于春天的古诗

咏 柳

［唐］贺知章

碧玉妆成一树高，
万条垂下绿丝绦。
不知细叶谁裁出，
二月春风似剪刀。

释义：

高高的柳树长满了绿绿的新叶，像碧玉装饰成的一样。轻柔的柳枝一条条垂下来，像是万条轻轻飘动的绿丝带。这细细的嫩叶是谁裁剪出来的呢？原来是二月温暖的春风，它就像一把灵巧的剪刀。

春 晓

［唐］孟浩然

春眠不觉晓，
处处闻啼鸟。
夜来风雨声，
花落知多少。

释义：

春天睡醒发现天已大亮，到处都可以听到小鸟的欢唱。昨夜风声、雨声不断，不知有多少花儿落到了地上。

春 日

［宋］朱 熹

胜日寻芳泗水滨，
无边光景一时新。
等闲识得东风面，
万紫千红总是春。

释义：

风和日丽的日子里，在泗水之滨寻觅美好的春景。那无边无际的风光焕然一新。很容易就能识别春天的样子，这百花盛开、万紫千红的景象就是春天。

音乐胎教：欣赏传统戏剧《报花名》

《花为媒》是评剧的经典曲目，剧名的意思为“以花为媒”，风格幽默，唱词优美。《报花名》是其中的一个精彩唱段。

准妈妈和胎宝宝除了可以欣赏美妙上口的唱腔之外，还可以了解春、夏、秋、冬四季不同的花卉。准妈妈也可以找来这部剧的视频观赏一下。

春季里风吹万物生，
花红叶绿草青青。
桃花艳，李花浓，杏花茂盛，
扑人面的杨花飞满城。

夏季里端阳五月天，
火红的石榴、白玉簪，
爱它一阵，黄啊黄昏雨，
出水的荷花，
亭亭玉立在晚风前。

秋季里天高气转凉，
登高赏菊过重阳。
枫叶流丹就在那秋山上，
丹桂飘飘分外香。

冬季里雪纷纷，
梅花雪里显精神，
水仙在案头添呀添风韵，
迎春花开一片金。

我一言说不尽，
春夏秋冬花似锦，
叫阮妈，
却怎么还有不爱花的人？

爱花的人，惜花护花把花养，
恨花的人，厌花骂花把花伤。
牡丹本是花中王，
花中的君子压群芳，
百花相比无颜色，
他偏说，牡丹虽美花不香。
玫瑰花开香又美，
他又说，玫瑰有刺儿扎得慌。

好花哪怕众人讲，
经风经雨分外香，
大风吹倒了梧桐树，
自有旁人论短长。
虽然是满园花好无心赏，
阮妈你带路我要回绣房。

第39周

随时做好分娩准备

本周开始，准妈妈的子宫已经充满了骨盆和腹腔大部分空间，行动更加不便，因此要注意小心活动，避免长时间站立，洗澡的时候避免滑倒，等等。准妈妈要好好休息，密切注意自己身体的变化，随时做好临产的准备。

胎儿体重仍在增长

39周的胎儿体重3200～3400克，有的宝宝出生时体重可以达到4000克以上。通常情况下，男孩出生时的体重会比女孩重一些。胎儿的体重在本周会继续增加，充足的脂肪储备会帮助孩子在出生后进行体温调节。胎儿此时身体各器官都已发育完成，肺是最后一个发育成熟的器官，通常是在宝宝出生后几个小时内才建立起正常的呼吸方式。

随时准备出生

宝宝在本周的活动越来越少了，似乎安静了很多，这是因为胎儿的头部已经固定在骨盆中，随着头部的下降，宝宝便会来到这个世界上。

选择适合的分娩方式

分娩方式有两种：经阴道分娩和剖宫产。阴道分娩又包括自然分娩和仪器助产分娩。健康的准妈妈，如果骨盆大小正常、胎位正常、胎儿大小适中，无各种不适宜分娩的并发症，无医疗上剖宫产的手术指征，医生会鼓励自然分娩。

剖宫产作为一种手术，尽管现在已是一种非常成熟的技术，但仍然像其他外科手术一样，会有一定的风险和并发症。所以，除非有医疗上的手术指征，医生不会建议准妈妈去做剖宫产手术。与阴道分娩相比，剖宫产具有以下一些弊端：出血多、卧床时间长、住院时间长、增加住院费用、产妇恢复慢，以及一些外科手术伴有的并发症。

语言胎教：朗诵诗歌《开始》

做母亲的感觉是怎么样的？是期盼，是幸福，还是有些激动或者是有些莫名的不安？也许早已习惯了做妈妈的女儿，却没有想到自己也成了母亲，那复杂的情绪涌起，一时间也表达不出自己的心情。一起来分享印度著名诗人泰戈尔的散文诗吧，也许准妈妈能从中找到答案。

开　始

“我是从哪儿来的，你，在哪儿把我捡起来的？”孩子问他的妈妈说。

她把孩子紧紧地搂在胸前，含泪微笑着回答：

“你曾被我当作心愿藏在心里，我的宝贝。

“你曾存在于我孩童时代玩的泥娃娃身上；每天早晨我用泥土塑造我的神像，那时我反复地塑了又捏碎了的就是你。

“你曾和我们的家庭守护神一同受到祀奉，我崇拜家神时也就崇拜了你。

“你曾活在我所有的希望和爱情里，活在我的生命里，我母亲的生命里。

“在主宰着我们家庭的不死的精灵的膝上，你已经被抚育了好多代了。

“当我做女孩子的时候，我的心的花瓣儿张开，你就像一股花香似的散发出来。

“你的软软的温柔，在我的青春的肢体上开花了，像太阳出来之前的天空上的一片曙光。

“上天的第一宠儿，晨曦的孪生兄弟，你从世界的生命的溪流浮泛而下，终于停泊在我的心头。

“当我凝视你的脸蛋儿的时候，神秘之感淹没了我，你这属于一切人的，竟成了我的。

“为了怕失掉你，我把你紧紧地搂在胸前。是什么魔术把这世界的宝贝引到我手臂里来的呢？”

准爸爸胎教：制作早教卡片（2）

今天，我们来继续为新生宝宝准备早教智能训练卡片：宝宝喜爱的黑白图案。

新生儿出生后，每天要给他看3次以上，一定要在他精神状态良好、吃饱喝足的状态下进行。新生儿看图方式为扫描式，所以即使他在认真看图时，看上去也不见得在凝视图，所以新手爸妈一定不要着急。请注意，宝宝不愿看时千万不要勉强。看图结束时吻一下宝宝的脸，不要忘记表扬他："宝宝今天好认真，真是个爱学习的好宝宝。"

电视节目中介绍过日本和美国婴儿出生时的情况。出生后，婴儿立即睁开眼睛看周围，一旦同母亲的视线碰在一起，婴儿就会目不转睛地注视着母亲。不一会儿，他就会找到母亲的乳房，并开始吃奶。出生还没有几分钟，母亲和婴儿的视线就交织在一起，看到婴儿的这种反应，就连协助拍摄电视节目的医生都为之吃惊。

由此可见，从生命孕育开始，胎儿就在感受着母亲内外环境的"教化"。所以，新生儿教育的前驱就是胎儿教育，而新生儿教育则是胎教的延续和胎教成果的展现，每一天都不要忽视对新生儿的优质教育。

音乐胎教：欣赏名曲《小狗圆舞曲》

《小狗圆舞曲》也叫《一分钟圆舞曲》，是著名的波兰作曲家、音乐家肖邦创作的。全曲为简单的三段体。在四小节引子过后，主旋律以反复回转的形态出现，描写小狗飞快旋转追逐自己尾巴的样子。这段曲调健康活泼、诙谐有趣，把小狗的神态呈现在听众面前，此乃第一段。第二段是优美抒情的圆舞曲主题，是甜美而徐缓的旋律，与第一段的急促形成鲜明的对立，好像小狗奔跑了一段时间，躺下来休息片刻，悠然自得，懒散舒适。第三段又是快速的音型，就像小狗休息之后又开始追逐尾巴的游戏，一直到乐曲结束。

睡前故事：神话传说《鱼跃龙门》

居住在黄河里的鲤鱼听说龙门（指黄河从壶口咆哮而下的晋陕大峡谷的最窄处）风光很好，都想去游玩。

它们游啊游啊，终于来到了龙门。可是龙门处水险不通，鲤鱼们上不去，只好聚在龙门前。

这时，一条大红鲤鱼说："我有个主意，咱们跳过龙门怎么样？"

"那么高，怎么跳啊？""跳不好会摔死的！"其他的鲤鱼们很担心。

大红鲤鱼很勇敢，说："我先跳，试一试。"它从半里外就铆足了劲儿，一下子跳到半空中的云里，一团天火从身后追来，烧掉了它的尾巴。

它忍着疼痛，继续朝前飞跃，终于越过龙门，落到了山南的河水中，变成了一条巨龙。

山北的鲤鱼们很害怕，不敢再去冒险。这时，从天上飞下一条巨龙，说："不要怕，我就是大红鲤鱼。跳过龙门，就能变成龙，你们要勇敢呀！"

鲤鱼们听了，开始一个一个挨着跳龙门。可是除了个别的鲤鱼跳过去变成龙之外，大多数都跳不过去。

凡是跳不过去，从空中摔下来的，额头上就落下一个黑疤。直到今天，这个黑疤还长在黄河鲤鱼的额头上呢。

大红鲤鱼又聪明又勇敢，跳过了龙门，变成了巨龙。今天大家都用"鱼跃龙门"来比喻事业成功或地位高升。读完故事，准妈妈可以鼓励胎宝宝："将来宝宝也要勇敢，挑战自己的人生高峰，成为有成就的人。"

第40周 胎儿会打嗝了

本周，胎儿身体内的所有器官和系统都已发育成熟，随时可以出生了。

鲜活的小生命即将降生

现在，胎儿的重要生命线——胎盘正在老化，传输营养物质的效率在逐渐降低，到宝宝出生时它的使命就完成了。同时，胎儿所处的羊水环境也有所变化，原来清澈透明的羊水变得混浊，变成了乳白色液体。

正在等待呼吸第一口空气

宝宝现在正在等待着呼吸第一口空气，当他出生后第一次呼吸时，会激发心脏和动脉的结构迅速产生变化，从而使血液输送到肺部。宝宝出生后的第一声啼哭通常没有眼泪，因为他的泪腺功能还没有开发，这种情况会持续到出生后2～3周。

从一个细胞到2亿个细胞的蜕变

胎儿的内脏和神经系统功能已经健全，手脚肌肉发达，富有活力，感觉器官和神经系统变得敏锐、成熟。从一个小细胞发育到2亿个细胞，胎儿经历了十个月的完美蜕变旅程，神奇的生命真叫人感叹！

睡前故事：童话《小熊的苹果树》

小熊种了一棵苹果树。小熊尽心地照顾苹果树，给它浇水、施肥、捉虫子。小猴子看见了，忙过来帮他浇水，小花鹿看见了忙过来帮他施肥，小山羊看见了忙过来帮他捉虫子。小熊乐呵呵地说："等苹果熟了，我请大家吃甜苹果。"

可是一天夜里，突然刮了一场大风，把苹果都吹落了。小熊望着一地的青苹果，伤心得哭了。小猴子、小花鹿和小山羊听见哭声都跑来安慰他。大家说："我们都好好帮你看管苹果树，明年你的苹果树一定会结出又红又大的甜苹果的。"说着，小猴子去给苹果树浇水，小花鹿去给苹果树施肥，小山羊去给苹果树除草。小熊呢，也爬到苹果树上捉虫子。捉着捉着，小熊的手忽然停住了，原来他发现在一片叶子底下还藏着一个嫩嫩的小苹果。苹果，这里还有一个苹果！小熊高兴得差点儿喊出声来。就剩下这一个苹果了，小猴子他们摘了去我就没有了。小熊想到这里，一声不响地用叶子遮住苹果，悄悄地溜下了树。

一天，他正在屋里想心事，小猴子、小花鹿和小山羊又跑来了。小猴子说："再给你的苹果树浇些水吧！"小花鹿说："再给你的苹果树施些肥吧！"小山羊说："再给你的苹果树捉捉虫子吧！"多好的朋友啊！小熊想想自己，羞得脸红红的，惭愧地低下了头。小猴子他们以为小熊还为没有红苹果而伤心呢，忙安慰他说："别难过了，明年你的苹果树一定会结满甜苹果的。"小熊再也忍不住了，拉着大家的手说："不用等明年了，现在我就带你们去看红红的大苹果。"小熊带朋友来到树下，大家扒开密密的叶子。"呀，大苹果，多红多大的苹果啊！"大家惊喜地叫着，一个个都笑得小脸蛋儿像红红的大苹果似的。

改编自：《365夜故事》

每个孩子都是天才

人生来就具备一种特殊的能力，隐秘地潜藏在体内，这种潜在能力就是天才。天才并不是只有少数人才具有的禀赋，而是每个人身体里都潜藏的。要想造就更多的天才，最重要的就是及早挖掘、引导孩子自由地发挥出这种潜在的能力。孩子出生后，能逐渐适应外部的环境，并且在不断接触外界环境中认识世界，增加知识，学习生存本领，这都是大脑的功能。因此，从小注意开发孩子的脑力非常重要。

新生儿的大脑一般有350～390克重，1岁时达到出生时的2.5倍，3岁时为出生时的3倍，到4岁后就接近成年人水平了，一般成年人的脑重量为出生时的4～5倍。人脑的生长高峰期，就是脑发育的关键期，这个时期孩子对有利或不利的刺激影响最敏感，所以0～3岁是孩子身体、心理发育的关键时期，也是打基础的时期。在这个阶段，只要爸爸妈妈加强自身修养，言传身教，在生活中教育好孩子，孩子在长大后就有可能成为“优秀人才”。

儿童潜能递减法则

儿童虽然具备潜在能力，但这种潜在能力是遵循递减法则的。比如说生来具备100度潜在能力的儿童，如果从5岁开始教育，即便是教育得非常出色，那也只能成为具备80度能力的成年人。这就是说，教育开始得越晚，儿童的能力实现得就越少。

教育从出生之日开始

从宝宝出生的第一天起，就可以开始对其进行教育了。这种教育是细小和琐碎的，看上去只是一些自然而又简单的动作：搂抱、轻拍、对视、对话、微笑；宝宝饿了、渴了、不舒服了，爸爸妈妈都要以最敏锐的感觉去感知宝宝的需要并尽快满足他。这样，他的智力发育机制和反应能力在出生那天就被调动起来，而不至于因为没有被重视而逐渐变得迟钝。

爸爸妈妈对宝宝的关爱，对孩子应付压力和形成社会关系的那部分“大脑回路”的发育起着关键的作用。孩子在其生命之初所经历的爱、信任和鼓励，会成为其大脑结构和功能的永久部分。所以，及时与新生儿进行交流，即是对他的“教育”，可以在第一时间促进孩子对世界的认知，促进孩子的脑神经发育。

视觉交流

妈妈在喂奶时（包括人工喂养），如果一直微笑着看着孩子，大多会得到孩子甜蜜的微笑，这种对视可以促进孩子心理的健康发育。

触觉交流

孩子依偎在妈妈温暖的怀里吃奶时，大脑中会产生安全、甜蜜的信息刺激，这对孩子的智力发育起着催化作用，妈妈经常抚摩、拥抱孩子，也会获得同样的效果。

嗅觉交流

孩子的嗅觉相当灵敏，刚出生几天的孩子，就能闻出气味的好坏。所以，婴儿期的孩子，最好由妈妈陪睡。如果陪睡的人不停地更换，孩子的心理会经常处于没有安全感的紧张状态，睡眠的时间和质量都会大幅度下降，严重的还可能导致孩子发育迟缓和幼儿期心理障碍。

听觉交流

孩子在出生1周后，就能分辨出人声或物声。当妈妈和孩子说话时，他会手舞足蹈，一副满足的模样。孩子的大脑正在急速地发展，多和孩子“对话”，可以使孩子很快就牙牙学语，为以后语言发展奠定良好的基础。

时刻关注新生儿

新生儿在吃饱后1小时左右会有10分钟到半小时的觉醒时间，爸爸妈妈可以利用这段时间进行一些训练。

让小手有事可做

刚出生的孩子小手常常紧握成小拳头，大约3个月后才能慢慢放松。只要孩子醒来，爸爸妈妈可以让他抓握父母的手指，经常给宝宝揉揉手心、捏捏手指。多动手，孩子的大脑才会聪明，因为人的手指运动中枢在大脑皮层中所占的区域最广泛。孩子多活动自己的手，大脑相应的部位就会越发达。

很多爸爸妈妈担心刚出生的孩子会用指甲划破皮肤，就给孩子戴了一副小手套，这样做很不利于孩子的手和外界接触，感受不到冷热软硬，会影响孩子的精细动作发育和智力发育。此外，也不要强迫宝宝不吃手。婴儿吃手，只是他天生的吸吮反射功能作用下的活动，在孩子吃手的过程中，嘴里的感觉和手部的感觉会同时传达到他的大脑里，这是无比奇妙的感受。

婴儿认识自己的过程是比较缓慢的，认识手也要花费较长的时间。为了让孩子尽早发现自己的手，并理解手的作用，父母要尽量让孩子的手发挥多种功能，就是说，让孩子的手有事可做。

听觉和视觉训练

孩子觉醒的时候，妈妈在距离孩子耳边10厘米左右，轻轻呼唤他的名字，使孩子听到声音转过头来，还可以和孩子面对面说话，让他注视妈妈的脸，妈妈慢慢转动头的位置，设法使孩子的视线随着移动。

音乐胎教：听唱歌曲《可爱的家》

宝宝终于降临，爸爸妈妈将体会到家的更深层含义。家是一种温馨，家是一种宁静。家不是房子的代名词，而是住在房子中的你、我、他相互之间的关心和牵挂。那么，就让爱天天住在家中，多一点儿宽容、理解，多一点儿关心、爱护。用爱精心打造的家，会让歌声围绕着家中的每个人。

听一听、唱一唱这首关于爱和家的歌吧！

我的家呀真可爱，
美丽清洁又安详，
姐妹兄弟很和善，
父亲母亲都健康。
虽然没有好花园，
月季风仙常飘香。
虽然没有大厅堂，
冬天温暖夏天凉。
啊，可爱我的家，
让我们抱成团，
相亲相爱，
地久天长。

这是一首英国的著名歌曲，歌曲中包含着对家的无限祝福。唱这首歌时，需要注意气息的连贯，这样唱出的歌才能表达出那种意味深长的爱，那种爱不需要夸张和渲染，在悠扬的歌声中就能体会得到。拿出爸爸妈妈儿时的照片，给宝宝讲讲自己儿时的趣闻和家里的亲人，让爸爸妈妈的爱感染宝宝。

宝宝出生啦

宝宝小名______ 宝宝大名______

出生日期 公历____年____月____日 星期____

农历______年______月______

出生时间____时____分

性别______ 属相______

星座______ 血型______

出生体重______ 出生身长______

出生地点______

当日天气______

妈妈怀孕____周____天 分娩方式______

宝宝，我想对你说